KOSMOS

RE[illegible]

De[illegible] eilanden

S. Verlingen

Kosmos Utrecht Antwerpen

Vierde druk, 1985
ISBN 90 215 1213 0
D/1985/0108/433
C.I.P.

Omslagontwerp: Karel van Laar
Op het omslag: Vlieland

INHOUD

WOORD VOORAF

U hoeft slechts vijf minuten van wal te zijn, nog maar net de zilte lucht te voelen, meeuwen te horen krijsen achter de boot en zeehonden te zien, of u weet het al: de Waddeneilanden zijn veel meer dan een paar minuten van het vasteland verwijderd. Het zijn eigen wereldjes in de zee en vormen een ideaal vakantiegebied. Ingesloten door de zee heeft elk eiland zijn eigen karakter. Toch lijken ze in veel opzichten op elkaar: ze zijn op dezelfde manier ontstaan, kennen dezelfde vogels, dezelfde zeehonden, dezelfde mogelijkheden voor strandgangers, wadlopers en sportvissers en . . . dezelfde bedreiging van het natuurlijke milieu.
Deze algemene Waddenkenmerken staan in het eerste deel van deze gids beschreven, ná de bespreking van het Noordhollandse en Friese landschap. Wat hebben die ermee te maken? kunt u zich afvragen. Deze opzet heeft twee redenen: ten eerste vormen de Waddeneilanden samen met de Waddenzee en de kwelders en polders van Noord-Nederland één kustlandschap, en ten tweede begint op deze manier uw vakantie al onderweg, als u naar een van de havens 'aan de wal' gaat om koers te zetten naar de eilanden. Ten slotte wordt elk eiland apart besproken: flora en fauna, geschiedenis, toeristische informatie en excursies. Een gedetailleerde inhoudsopgave vindt u aan het begin van elk hoofdstuk over de eilanden apart.
Over de vogels nog het volgende: het spreekt vanzelf dat niet alle vogelsoorten van de Waddeneilanden ter sprake komen. Alleen de belangrijkste zijn opgenomen. Voor een complete informatie verwijzen wij u naar de Kosmos Vogelveldgids van Europa.

INLEIDING

HET NOORDHOLLANDSE LANDSCHAP

Op hun weg naar Den Helder zullen veel Texel-gangers uigebreid kennis maken met het Noordhollandse landschap, dat tot de veertiende eeuw uit water, water en nog eens water bestond. Nu begrijpt u ook waarom er later, in de Tachtigjarige Oorlog (1568-1648), zo stevig gevochten is om het bezit van de stad Haarlem. Als je deze stad beheerste knipte je Holland als het ware in twee stukken. De belangrijkste verkeersweg liep langs deze stad, aan de binnenkant van de duinen.
Noord-Holland is nog steeds een waterrijk gebied, maar de grote meren zijn verdwenen. Al aan het einde van de middeleeuwen is men begonnen met het winnen van land uit water. De toename van de bevolking maakte de toch vrij dure inpolderingswerkzaamheden lonend. Het aanleggen van dijken beheerste men toen al redelijk, maar het verwijderen van het water binnen deze dijken was een moedeloosmakend probleem. Aanvankelijk moest het water er met een soort hoosbakken worden uitgeschept. Het was al een hele verbetering toen men de beschikking kreeg over met hand- of paardekracht voortgedreven molens. Omstreeks 1400 is er voor het eerst sprake van windmolens. Toen pas kon men er aan gaan denken om de grotere plassen aan te pakken.
Droogmaken is in Nederland bijna altijd een omstreden zaak geweest. Nu laaien de discussies hoog op over de inpoldering van het resterende gedeelte van de Markerwaard, maar ook in vroeger eeuwen waren er voor- en tegenstanders van het landwinnen. Tot de tegenstanders in vroeger eeuwen behoorde bij voorbeeld het klooster in Egmond.
De abt protesteerde verschillende keren bij de vertegenwoordigers van de koning, omdat naar zijn zeggen de monniken de visopbrengst uit de plassen niet konden missen. Het hielp niet, de vraag naar nieuwe grond was te groot.
In de zeventiende eeuw, u weet wel onze Gouden Eeuw, werd er met name door de Amsterdamse kooplieden veel geld verdiend. Bovendien was er in die jaren opnieuw veel vraag naar grond. Beleggen in inpolderingen werd dan ook een aantrekkelijke zaak. Ook de groten des lands deden er aan mee. Raadpensionaris Cats, afkomstig uit Zeeland, investeerde het een en ander in dat gewest. Van Oldenbarnevelt stopte een deel van zijn kapitaal in de aanleg van een dijk die het heden ten dage meest noordelijke puntje van Noord-Holland verbond met de vaste wal. U vindt deze dijk niet meer terug, de duinvorming voor en over deze dijk maken Van Oldenbarnevelts initiatief onherkenbaar.
Dat mensen als Van Oldenbarnevelt en Cats er vertrouwen in

hadden, schiep - om het eens in moderne termen te zeggen - een goed investeringsklimaat. De Beemster viel in 1612 droog, gevolgd door de Purmer in 1622, de Wormer in 1626 en de Schermer in 1636. Bij deze inpolderingen speelde de molenmaker Leeghwater een belangrijke rol. De Haarlemmermeer, de grootste en voor steden als Amsterdam, Haarlem en Leiden meest gevaarlijke plas, dacht Leeghwater droog te kunnen krijgen met zo'n 160 molens. De heren in Amsterdam knipperden toen wel even met de ogen, dit karwei zou bijna vier miljoen gulden gaan kosten, een voor die tijd erg groot bedrag. Tot zaken doen kwam het de eerste eeuwen dan ook niet, pas in 1852 werd de Haarlemmermeer drooggelegd.
Maar de herinnering aan de allesvernietigende kracht van het water bleef leven bij de bewoners van het lage polderland en werd levend gehouden door de problemen met de Zuiderzeedijken, die lang niet altijd sterk genoeg bleken om het water tegen te houden. De aanleg van het Noordzeekanaal (1870) zorgde dan ook voor de nodige opwinding. Zomaar een gat in de duinen maken, dat kon nooit goed gaan. Het ging wel goed, maar de angst verdween slechts langzaam.
Nu was het water niet alleen een vijand, maar ook vaak een vriend. De door de handel en de scheepvaart verkregen rijkdom van Amsterdam was toch ondenkbaar zonder het water. De betrekkelijk grote welvaart in de kleine stadjes aan de toenmalige Zuiderzee wat toch voornamelijk te danken aan de ligging aan deze zee. Men doet vandaag de dag terecht veel moeite om de vissersschepen en andere scheepstypen uit de tijd dat het IJsselmeer nog een zee was, voor het nageslacht te bewaren.
Ook het oudste 'industriegebied' van Nederland dankt zijn ontstaan voor een deel aan het water. Veel goederen die in Amsterdam werden aangevoerd moesten nog een of meerdere bewerkingen ondergaan. Hout moest worden gezaagd, rijst gepeld, tabak gedroogd en gekerfd enzovoort. Voor al deze bewerkingen was schoon water noodzakelijk en ook molens. Schoon water was schaars in Amsterdam en de vele huizen hielden de wind te veel tegen. In de Zaanstreek vond de Amsterdamse koopman wat hij nodig had, voldoende schoon water en ruim baan voor de wind in het vlakke land. Zo werd de Zaanstreek het eerste 'industriegebied' van ons land.

Molens

Voor Amerikanen en misschien toch ook nog wel voor veel Europeanen is Nederland het land van de klompen, de tulpen, de windmolens en Johan Cruyff. Wij Nederlanders zullen nog vele jaren ons best moeten doen om het buitenland duidelijk te maken dat dit leuke zaken zijn, maar dat er echt belangrijker dingen in ons vaderland te vinden zijn.
Leuk zijn de windmolens van het polderland natuurlijk wel. We

moeten er zuinig op zijn, want in de afgelopen eeuw zijn er veel verdwenen. Molens werden vroeger voor allerlei doeleinden gebruikt. In de Zaanstreek bij voorbeeld voor het pellen van rijst en gerst en om olie te persen uit zaden. In dezelfde streek stonden veel zaagmolens, waarin boomstammen werden verwerkt tot planken. In het hele land vindt u korenmolens. Maar voor alles zult u bij het zien van een molen toch denken aan watermolens. Reeds in de vijftiende eeuw werden deze molens gebruikt om meren en plassen droog te malen. Ook in onze tijd heeft het elektrische gemaal de watermolen nog niet helemaal verdrongen. Welke molens kunt u nu tegen komen op uw tocht door het polderland? Een keuze:
Vrij vaak kunt u de ***wipmolen*** bewonderen. Deze molen bestaat twee gedeeltes. Het bovenste deel, waaraan de wieken bevestigd zijn, is klein. Het onderste gedeelte is veel groter, dat moet ook wel, want hierin zit het grote scheprad.
Een ander veel voorkomend type, met name ook in het Hollandse polderlandschap, is de *bovenkruier*. Het woord kruien betekent dat men de wieken naar de wind kan richten. Dit type molen heeft een kleine kap waaraan de wieken bevestigd zijn. Deze kap is betrekkelijk gemakkelijk draaibaar. U vindt bij deze molens aan een van de zijkanten een groot wiel. Dit wiel is door een houten constructie verbonden met de kap. Door nu aan het wiel te draaien kan de molenaar de stand van de kap en daarmee van de wieken veranderen. Soms ontbreekt dit wiel. Als dit het geval is bevindt zich in de kap een wiel, waarmee de molenaar de kap kan latend draaien.
Probeert u eens een praatje te maken met de molenaar. Hij kan u veel leuke dingen over de molen en zijn vak vertellen. Over vrolijke en sombere tijden in het land en in zijn gezin en hoe hij door middel van de stand van de wieken dit ook duidelijk laat merken.
In Noord-Holland komt u vooral in het gebied ten noorden van Amsterdam ook veel kleine *metalen windmolentjes* tegen. Niet zo fraai, ze doen een beetje Amerikaans aan, maar ze zijn wel efficiënt.

HET FRIESE LANDSCHAP

Op uw tocht naar de Waddeneilanden kunt u uitvoerig kennis nemen van het Friese landschap. Natuurlijk, u bent op weg naar Ameland, Vlieland, Texel of Schiermonnikoog, maar maak zo mogelijk ook van uw reis een stukje vakantie. Friesland is namelijk een interessante provincie, vooral door de eeuwenoude strijd van dit gewest tegen het water.
In de middeleeuwen drong een brede zeearm Friesland binnen. Deze zeearm werd de Middelzee genoemd. Vanuit het noorden liep dit water langs Leeuwarden en Sneek tot Bolsward door. Regelmatig veroorzaakte deze Middelzee overstromingen, vooral wanneer bij noordelijke wind Noordzeewater de zeearm werd binnen gestuwd.
Bij de strijd tegen het water speelden de monniken van de Friese kloosters een belangrijke rol. Zij legden dijken aan en zorgden voor ontginningen. Na 1300 begon de Middelzee langzaam dicht te slibben. Stukje voor stukje werd dit gebied ingepolderd.
Ook het ontstaan van het landschap van Zuidoost-Friesland is een interessant verhaal. Toen de Romeinen ons land binnendrongen, we zijn dan zo'n beetje bij het begin van onze jaartelling, was dit gebied een ruig bosgebied. Zandruggen zorgden voor afwisseling in het landschap. Tussen deze zandruggen zochten kleine riviertjes hun weg naar de Noordzee. Op deze zandruggen bouwden de mensen hun huizen, want in de rivierdalen was wonen niet goed mogelijk. Op deze drassige plaatsen ontstond uit de resten van planten, struiken en bomen een moerassige veenmassa. In die tijd nogal nutteloos, maar later kon men er turf van steken. Een hard bedrijf deze turfstekerij. Eerst moest er voor de afvoer van de turf een kanaal met veel zijkanaaltjes worden gegraven. De werkdagen voor de arbeiders waren lang, de lonen laag en de huisvesting meestal slecht. De huizen werden langs het kanaal gebouwd. Zo ontstonden de vaak kilometers lange dorpen. Gezellig waren ze meestal niet. De structuur van deze dorpen kweekte geen gemeenschapsgevoel. De bruggen over het kanaal werden de ontmoetingsplaatsen. Daar vestigden zich wat winkeliers en schonk de kastelein zijn borrel.
De grote Friese meren waren aanvankelijk tamelijk kleine plassen. Bij stormachtig weer kreeg het water echter vat op het omringende land en was de toch al vochtige veenbodem een gemakkelijke prooi. Het water sloeg grote stukkken land weg en de meren groeiden in omvang. In vroeger eeuwen vond men dit nogal spijtig. Je had zo weinig aan al dat water. Tegenwoordig denken we daar wel een beetje anders over. Recreatiegebieden zijn nogal schaars in Nederland.
De Friezen hebben hun eigen en vaak belangrijke rol gespeeld in de geschiedenis van ons land. Ze heten wat koppig en humor-

loos te zijn. De Friezen laten zich door deze verhalen niet ontmoedigen. Ze hebben gelijk. Ze zijn trots op hun geschiedenis en hun taal. Het valt voor Hollanders en Groningers niet mee om de Friezen te overtroeven. Met voldoening kunnen de Friezen praten over hun land. Het was bijna altijd welvarend en vrij. Dit gold al in de Middeleeuwen. Hollandse graven en Gelre's hertogen hebben geprobeerd dit land te onderwerpen. Soms lukte het voor een korte tijd, maar nooit voor lang. Steeds weer slaagden de Friese boeren en vissers erin de vijand te verjagen, baas te worden in eigen land.
Het land, vaak zo moeizaam op de zee veroverd, was de Friezen lief en een belangrijke bondgenoot in de strijd. Het was ook moeilijk vechten voor de zwaar gepantserde ridders in het drassige, met vele plassen en sloten doorsneden land. De Friezen kenden de mogelijkheden van hun land en maakten er handig gebruik van. Zo bestaat er de legende van Lange Pier, echt een figuur om kinderen bang mee te maken. Lang, ruig, woest, volgens de Hollanders een piraat, volgens de Friezen meer dan dat, misschien ook wel een strijder voor de Friese vrijheid.
Het land van plassen en sloten heeft een stempel gezet op haar bewoners. Een band was er, maar voor alles moest je toch zorgen jezelf te kunnen redden. Dat konden de Friezen wel, ook in economisch opzicht.
Toen in het begin van de middeleeuwen de Europese handel sterk achteruitliep, maakten de Friezen van de nood een deugd. De nood van de Friezen was hun tekort aan graan. Op hun vochtige grond was veeteelt goed mogelijk, akkerbouw niet. Melk en daarmee boter en kaas hadden de Friezen te veel, graan te weinig. Van de nood een deugd maken betekende, de wereld in trekken om boter en kaas te koop aan te bieden en om met de opbrengst graan te kopen. Van het een kwam het ander. In West- en Noord-Europa ontwikkelden de Friezen een grote activiteit, in feite beheersten ze in dit gebied de handel. Friese schepen voeren naar de Oostzee en Engeland en via de binnenwateren tot diep in Duitsland, Engeland en Zweden ontstonden Friese kolonies. Wapens, aardewerk, molenstenen en slaven verhandelden de Friese kooplieden. Aan deze bloeitijd kwam een einde door de invallen van de Noormannen. Tegen deze strijders waren de Friezen niet opgewassen.
Ook in later eeuwen bleven de Friezen gesteld op hun vrijheid en zelfstandigheid.
U kent wel de uitdrukking 'op z'n elf en dertigst'. Een oude zegswijze, ontstaan in de zeventiende eeuw. We bedoelen ermee te zeggen dat iets wel bijzonder langzaam gaat. Deze uitdrukking is ontstaan doordat de besluitvorming in Friesland in die tijd erg lang duurde. De Friese afgevaardigde naar de Staten Generaal had een lastbrief, waarin precies omschreven stond hoe hij moest stemmen. Alles ging goed, totdat er in Den Haag een

nieuw punt op de agenda kwam. De geachte afgevaardigde wist het dan niet meer. Hij moest naar huis om ruggespraak te houden. In Leeuwarden moesten de leden van de Friese Staten bij elkaar komen om de nieuwe zaak te bespreken. Maar, ook dat ging zomaar niet. Ook deze heren moesten eerst naar huis, naar de 11 steden en de 30 grietenijen (plattelandsdistricten) om te vragen welk standpunt ze in moesten nemen. U begrijpt dat het besluiten op deze manier zeer lang kon duren.

De Friese boer heeft in de wereld een uitstekende reputatie. Het Friese boerenbedrijf geldt als een van de beste in Europa. Twee factoren speelden en spelen hierbij een belangrijke rol. De Friese boeren zagen al vroeg de noodzaak van een goede samenwerking in. Ze vonden elkaar in een aantal coöperatieve zuivelfabrieken. Deze zuivelfabrieken sloten zich weer aan bij de Frico, de belangrijke verkooporganisatie, die zorgt dat de produkten van de Friese boeren in allerlei Europese landen worden verkocht. In Engeland, Duitsland en veel andere landen koopt de huisvrouw Friese kaas, melkpoeder, gecondenseerde melk enzovoort.
Een tweede reden voor het succes van de Friese boer is de manier waarop in Friesland al jaren wordt gestreefd naar een verbetering van de veestapel. De erfelijkheid is hierbij een belangrijke factor. Daarom houdt men een stamboek bij van het goede vee. Zo ontstond het Fries Rundveestamboek, naast het algemene Nederlandse Rundveestamboek.
De veeteelt in Friesland vindt u vooral op de kleigronden ten zuiden van de lijn Harlingen-Leeuwarden en in de Woudstreken. Deze Woudstreken vindt u in het oosten en zuidoosten van de provincie. De grondsoorten in dit gebied zijn zand en hoogveen. Vroeger noemde men deze gronden onvruchtbaar. Dank zij moderne landbouwmethoden en de uitvinding van kunstmest verdienen ze deze reputatie nu niet meer.
Ten noorden van de lijn Harlingen-Leeuwarden wonen de akkerbouwers. Ook deze boeren doen aan veeteelt, maar de boeren in dit gebied hebben ook een uitstekende reputatie opgebouwd als producent van eet- en pootaardappelen.
Ook aan tuinbouw wordt in Friesland gedaan. In het noorden, in het gebied van de voormalige Middelzee, ligt Het Bildt. Toen deze zee werd ingepolderd vestigden zich daar een aantal Hollandse kolonisten. Tot op vandaag is dit te merken aan de gewoonten en het accent van de mensen in dit gebied. De belangrijkste plaats is St. Annaparochie, een tuinbouwcentrum.

Tot slot nog even dit. U komt in Friesland vaak het woord stins en state tegen. Stinsen zijn versterkte adelijke woningen, staten zijn buitenhuizen, waar de adel in vreedzamer tijden vertoefde. Het is maar een weet.

HET ONTSTAAN VAN HET WADDENLANDSCHAP

Ons land werd en wordt nog steeds bedreigd door de zee. Met dijken, duinen en dammen proberen we ons te beschermen. Tienduizend jaar geleden, in de laatste ijstijd, waren Noord-Europa en de bodem van de Noordzee bedekt met landijs. Hier en daar liep een smeltwaterriviertje, maar verder was er weinig te beleven.
Toen het warmer werd smolt het ijs, steeg het zeeniveau en konden de planten en dieren weer ontwaken, en terugkeren naar hun oude gebied. Er ontstonden bossen en venen die tegen de zee beschermd werden door een hoge zandbank, oftewel strandwal. Deze strandwal lag ver benoorden de huidige Waddeneilanden omdat de zee nog twintig meter lager lag dan zijn huidige niveau. Het zeeniveau bleef stijgen en de kustlijn plus de haar beschermende strandwal week terug. Dit proces verliep natuurlijk heel langzaam, en de strandwal kon de zee nog steeds tegenhouden. Maar ongeveer drieduizend jaar geleden was dat afgelopen: stormvloeden beukten er gaten in, waardoor de zee, die toen nog maar twee meter lager was dan tegenwoordig, binnendrong in het gebied achter de strandwal.
De zee brak af, maar bouwde ook weer op. Op de restjes strandwal, tussen de zeegaten, werd in de loop van vele honderden jaren zand gestuwd, dat door de wind tot duinen werd geblazen. De vegetatie, zoals biestarwegras, zorgde ervoor dat het zand niet helemaal werd weggeblazen (voor dat zelfde doel wordt tegenwoordig helm aangeplant). Zo ontstonden, nog geen duizend jaar geleden, de Waddeneilanden.
Ondertussen stroomde door de zeegaten twee keer per vierentwintig uur vloedwater het ondergelopen gebied binnen. Als het water bij de wisseling van het getij weer rustig werd, zakten de kleine deeltjes klei en zand naar de bodem. Zo ontstond er op den duur een steeds dikker wordende laag. Na vele jaren was deze laag op sommige plaatsen zelfs zo hoog, dat deze plaatsen alleen bij een hoge vloed of storm nog onder water liepen.
In dit gebied vestigden zich op den duur ook mensen; op de Waddeneilanden, die als overblijfselen van de strandwal waren blijven bestaan, en op de nieuwe gronden, die we in de aardrijkskunde kwelders noemen. Veilig was het wonen in dit gebied vele eeuwen lang bepaald niet. De zee bedreigde de mensen op de kwelders en op de als eilanden in de zee omhoog stekende resten van de strandwal. Hele dorpen (b.v. West-Vlieland) verdwenen weer. Op de kwelders wierpen de mensen kunstmatige heuveltjes (terpen) op. Daarop bouwden ze hun huizen. Van deze terpen zijn er in Friesland en Groningen nog honderden terug te vinden. Pas in de middeleeuwen kreeg men door de aanleg van dijken een betere bescherming tegen de zee en bleef voor de terpen voornamelijk een historisch belang over.

HET DUINLANDSCHAP

Op de Waddeneilanden komt u heel verschillende landschapstypen tegen: op de grens van land en water het landschap van de kwelders en aan de Noordzeekant het gebied van de duinen; achter de duinen de bossen en aan de kant van de Waddenzee de polders.
In de beschrijvingen van de afzonderlijke eilanden wordt aandacht geschonken aan de verschillende landschapstypen. In dit hoofdstuk willen we wat uitvoeriger stilstaan bij de duinen.
Het zand van de duinen heeft een lange reis achter de rug voordat het door de samenwerking van zee, zon en wind deel gaat uitmaken van de kustverdediging. Het duinzand is eerst door de rivieren naar de zee gebracht. Geen onbelangrijk detail, want in de zee is het zand vermengd met allerlei resten van plant en dier. Vooral schelpen en skeletten zijn in dit opzicht belangrijk, zij voegen kalk toe aan het zand.
U kunt zelf constateren of een bepaald duingebied oud of jong is. Kalk lost op in water en in een oud duingebied is het kalk door het water dan ook afgevoerd naar diepere aardlagen. Natuurlijk, dit kunt u aan de kleur van het zand niet zien. Wel kunt u uw conclusies trekken als u let op de plantengroei. Sommige planten, zoals heidesoorten, houden niet van kalk, andere planten, zoals de duindoorn, willen juist wel weer een kalkrijke ondergrond. Kalkarm, kalkrijk, er zijn nog meer factoren die de plantengroei in het duingebied bepalen. Het maakt nogal wat uit of een plant zich moet handhaven op een duinhelling die alle westenwinden moet trotseren of op een meer uit de wind liggende helling. Een zuidelijke helling zal meer zonnewarmte vangen en dit is niet onbelangrijk in de zomermaanden. Een plant op een zuidelijke helling zal een periode van grote droogte moeten kunnen doorstaan.
Als de mens de duinen niet heeft beplant, waar komen dan de planten in het duingebied vandaan? Voor een deel uit zee, voor een ander deel uit het gebied achter de duinen. De natuur kent een groot aantal methoden waarop plantezaden worden verspreid. De zaden van de ook in de duinen voorkomende distels worden bij voorbeeld verspreid door de wind. Vogels dragen ook hun steentje bij. Veel vruchten, zoals de vruchten van de duindoorn, zijn wel eetbaar, maar hebben onverteerbare zaden. Viooltjes verspreiden zelf hun zaad: dit plantje heeft openspringende vruchtdozen. Ook de mens helpt een handje door het vervoer van bij voorbeeld de klevende of hakende zaden van allerlei grassoorten.
Wanneer u op uw wandelingen op een bijna ondoordringbaar bos **van lage struiken sluit, bent u opgelopen tegen de *duindoorn.*** Door deze ondoordringbaarheid is de duindoorn een geliefd toevluchtsoord voor allerlei dieren. Ook een konijn in moeilijkheden kent de bescherming die de duindoorn dan kan bieden. Er zijn

veel konijnen op de Waddeneilanden, al zou u dat overdag niet zeggen. Het konijn wordt actief in de schemering, overdag houdt het zich het liefst maar een beetje schuil. Het konijn leeft in groepen. Zijn hol zit ingewikkelder in elkaar dan de buitenkant laat zien. Vanuit een soort woonkamer loopt een groot aantal gangen in allerlei richtingen. Niet elke gang wordt even intensief gebruikt, een aantal gangen heeft alleen maar een vluchtfunctie. Het vermogen tot voortplanten van konijnen is bijna spreekwoordelijk. Een wijfje is al na zes maanden geslachtsrijp en krijgt 3 à 5 keer per jaar 4 tot 12 jongen. Jonge konijnen zijn in het begin blind en volkomen hulpeloos. Twee keer per dag zoekt een wijfje haar jongen op om te zogen. Als het wijfje het hol verlaat, zal ze nooit verzuimen om de toegang met zand af te sluiten. Het konijn heeft zich goed aangepast aan de Nederlandse situatie, zo goed, dat je bijna zou vergeten dat het konijn niet inheems is, maar afkomstig uit de landen rond de Middellandse Zee.

HET LEVENDE WAD

Sommigen vinden het wad maar een 'dooie boel'. U moet maar eens luisteren naar de verhalen over de eerste kennismaking met het wad, 's avonds aan de bar in uw hotel of op de camping. De vogels ja, maar voor de rest een saaie vlakte. Zo'n pessimist moet u wat op weg helpen, want juist op het wad verstopt het leven zich een beetje. De vogels zien meer dan wij, zij weten hun eten op het wad goed te vinden. U moet ook een beetje leren kijken, dan kunt u achter kleine dingen interessante verhalen vinden.

Neem nu eens zo'n 'gewone' ***zeepier.*** De pier verraadt zijn aanwezigheid door het maken van fraaie, gekrulde zandhoopjes op het wad. Niet ver daarvandaan vindt u kleine trechtertjes, ongeveer zo groot als een gulden. Welnu, deze zandhoopjes en trechtertjes vormen de uiteinden van de u-vormige gangen die de zeepier maakt. In het smalle gedeelte van deze U ligt de pier. Door de ene gang wordt zand naar beneden gepompt. De pier eet dit zand op. Alles wat verteerbaar is wordt gebruikt en het zand wordt weer naar buiten geperst. Zo ontstaan de gekrulde hoopjes zand.

Nu is de zeepier niet de enige bewoner van de bodem van het wad. Ook allerlei schelpdieren zitten ingegraven in de bodem, bij voorbeeld de ***kokkel.*** Ieder jaar worden vele miljoenen kokkels gevangen en uitgevoerd naar Frankrijk en Spanje. In Nederland is de kokkel als voedsel nog weinig populair, in Spanje is de waardering voor dit schelpdier aanzienlijk groter. Als u een kokkel wilt vinden, moet u wel enige moeite doen. Bij laag water graaft de kokkel zich zo'n tien à vijftien centimeter diep in. Een volwassen kokkel kan zo'n vier centimeter groot worden en in het gebied van de Waddenzee leven volgens deskundigen tientallen miljarden exemplaren.

Vroeger werd ook de mossel in Nederland bijna niet gegeten. Alleen in uiterste noodzaak, als voedsel voor de allerarmsten. Tegenwoordig geldt de mossel als een lekkernij. Misschien gaat het met de kokkel op dezelfde manier.

De ***mossel,*** die in de Waddenzee nog talrijker is dan de kokkel, leeft in grote kolonies. Met draden houden de mossels zich vast in het stromende water. Het zand van de bodem biedt natuurlijk weinig houvast, daarom houden de mossels zich vast aan elkaar Dit gaat goed tot zo'n mosselbank te groot wordt en een flinke storm de bank in stukken breekt.

Kokkel en mossel voeden zich in principe op dezelfde manier. Door een opening wordt het water naar binnen gelaten, via een andere opening verlaat het gefilterde water weer de gesloten schelpen.

Schelpdieren en ***slakken,*** u kunt ze niet missen op uw wandelingen. Op de vloedlijn kunt u de slakkehuisjes vinden van het

nog geen centimeter grote wadslakje. Dit slakje is een planteneter, die zich vooral voedt met wier. Ook het donker gekleurde huisje van de alikruik is vaak overvloedig aanwezig. Spoelt zo'n alikruikje aan, dan bestaat natuurlijk het gevaar van uitdrogen. Om dit te voorkomen sluit het slakje de opening van zijn huisje met een afsluitplaatje keurig af.
Ook met de ***garnaal*** en de ***strandkrab*** kunt u tijdens uw zwerftochten kennis maken. Bij laag water kunt u in de plassen die dan overblijven met enige moeite wel wat garnalen ontdekken. Met enige moeite, want de garnaal verstopt zich meestal in het zand en de schutkleur doet de rest bij het onzichtbaar worden. In het leven van de Waddenzee neemt de garnaal als prooidier een belangrijke plaats in. Bijna alle vissen voeden zich in hun eerste levensfase met garnalen. Hoeveel garnalen er leven in de Waddenzee is niet te schatten, maar gezien de belangrijke plaats van dit dier in de voedselketen moeten het een indrukwekkend aantal zijn.
De kans dat u een gave krab tegenkomt, is niet groot. Als voedsel geniet de krab bij veel vogels een voor de krab bedenkelijke populariteit. Vaak lukt het de krab wel om te ontkomen, maar dit gaat nogal eens ten koste van een schaar of poot. Het aantal invalide krabben is dan ook erg groot. Sommige deskundigen schatten het aantal invalide krabben op ongeveer 50%.
Het wad een 'dooie boel'? We hopen dat dit verhaal u wat op weg helpt tijdens uw eigen zwerftochten.

BEDREIGD GEBIED

De Waddenzee en de Waddeneilanden vormen een bedreigd gebied. De bescherming van het natuurlijk milieu van de Wadden is noodzakelijk. U zult op uw vakantie niet veel merken van de verstoring van biologische evenwichten. Misschien wat rommel op het strand, misschien wat vogels die door de olievervuiling zijn gestorven. Of wellicht zult u opgeschrikt worden door militaire schietoefeningen. Misschien zult u zich ook verbazen over het grote aantal mensen dat op de eilanden verblijft. Of over de vele auto's die er (behalve op Schiermonnikoog en Vlieland) in het zomerseizoen rondrijden.
Dit alles kan het planten- en dierenleven niet onberoerd laten. Hoe erg het is blijkt bij voorbeeld als u naar het aantal zeehonden kijkt. In 1950 waren er nog 2700 zeehonden, in 1983 nog maar 650. Een bedreigde diersoort. Het is de vraag hoelang u nog zeehonden zult kunnen vinden in de Waddenzee.
Niet alleen de zeehond wordt door giftige afvalstoffen bedreigd, ook andere dieren in het Waddengebied. In de jaren zestig stierven plotseling grote aantallen sterns. Paniek bij de vogelliefhebbers en discussies over de vraag hoe dit nu wel kon. We weten het inmiddels. In het Rijnmondgebied was een ongeluk gebeurd met vergif. Via de Noordzee bereikte dit vergif de woonplaatsen van de grote stern in het Waddengebied. Massale sterfte was het gevolg, vooral op Griend.
Om een definitief einde te maken aan deze vergiftiging moet nog een lange weg worden afgelegd en is goede internationale samenwerking noodzakelijk.
Industrialisatie, mijnbouw, defensie en recreatie tasten het milieu aan. Geen enkele bedreiging is echter zo groot als de waterverontreiniging. Via de Rijn en de Noordzee stromen elders in Europa geproduceerde zeer giftige afvalstoffen de Waddenzee binnen. En de beruchte Smeerpijp zorgt voor een concentratie van verontreinigd water in het oostelijk deel van de Waddenzee. Maar ook op andere punten stroomt fabrieks- en huishoudafval de Waddenzee binnen.
Langs de Groningse kust wordt veel geïnvesteerd in de industrie. Waar de afvalprodukten heen moeten? De Waddenzee is groot en vlak naast de deur. . .
In het Waddengebied zijn exploiteerbare concentraties gas gevonden. Winning, zoals op Ameland, gaat ten koste van het milieu. Proefboringen in het natuurgebied Noordvaarder zijn voorlópig afgewezen.
Op de Vliehors op Vlieland, op de Hors op Texel en op de Noordvaarder op Terschelling worden militaire oefeningen gehouden. Deze oefeningen verstoren de rust voor mens en dier. De broed- en foerageergebieden van vogels worden - ook als ze niet in deze militaire oefenterreinen liggen - ernstig aangetast.

Luchtmachtoefeningen boven de Vliehors

Recreatie en de voorzieningen die hiervoor getroffen moeten worden zijn bijzonder ingrijpend voor een zo kwetsbaar gebied als de Wadden. De eilanden zijn klein. Toch is de logiescapaciteit bijzonder groot. Ook het fenomeen tweede huisje is in opmars. Toeristen zitten natuurlijk niet de hele dag voor hun tent of zomerhuisje. Ze willen erop uit. Daar is de vakantie immers voor. De eilanden lenen zich uitstekend voor fiets- en wandeltochten. Maar de droge duinen kunnen massale betreding niet verdragen. Daar zijn ze te kwetsbaar voor. Hele stukken duin zijn dan ook al met prikkeldraad afgezet, maar overal zijn ook wegen en paden aangelegd. Gebruikt u ze. Zo zult u zo min mogelijk schade aan de natuur aanbrengen.
Enkele terreinen, vooral daar waar vogels broeden, zijn een gedeelte van het jaar voor publiek gesloten. De toegangsregels staan duidelijk op borden. Het is de bedoeling dat u zich hieraan houdt.
In het Natuurrecreatiecentrum op Texel, even ten zuiden van het dorpje De Koog, wordt u door middel van een tentoonstelling uitvoerig geïnformeerd over de gevaren die het milieu bedreigen. Nu moet u hierbij niet alleen denken aan olie 'morsende' tankers, maar ook aan de met veel onkruid- en insektenverdelgende bestrijdingsmiddelen werkende landbouw.

Wanneer u rekening houdt met de kwetsbaarheid van het landschap en de daarin levende dieren, kunt u een wezenlijke bijdrage leveren tot het behoud van dit uitgestrekte natuurgebied. Ook voor u geldt: Wees Wijs met de Waddenzee.

Voor meer informatie over het Waddengebied wende men zich tot: de Landelijke Vereniging tot Behoud van de Waddenzee,
Het Waddenhuis,
Postbus 90,
8860 AB Harlingen,
tel. 05178-5541.
Op bovenstaand adres kunt u zich onder andere abonneren op het 'Waddenbulletin', een fraai geïllustreerd tijdschrift dat vier keer per jaar verschijnt en een schat aan informatie over het Waddengebied zijn flora, fauna, bewoners en bewonderaars verschaft. Lidmaatschap van de vereniging kost, inclusief het abonnement op het 'Waddenbulletin', f 25,- per jaar en voor studenten en 65-plussers f 15,- per jaar.

DE ZEEHOND

We vertelden u het reeds, het aantal zeehonden in de Waddenzee daalt. De Landelijke Vereniging tot Behoud van de Waddenzee voert dan ook al enkele jaren actie om de ondergang van deze diersoort in het Nederlands deel van het Waddengebied te voorkomen. Een sympathiek streven, maar om eerlijk te zijn, de vooruitzichten zijn somber.
Toch weten we wel hoe het komt; de zeehond wordt bedreigd door vergiftiging. Het kwaad begint in Frankrijk, Duitsland en voor een deel ook in Nederland. Industriële vestigingen en steden lozen een belangrijk deel van hun afvalstoffen via de Rijn. Het Rijnwater is vooral in bepaalde delen van het jaar verontrustend vervuild en via de langs de Noordzeekust lopende stroming bereikt dit smerige water de Waddenzee. Berekeningen hebben aangetoond, dat 15 % van het water in het westelijk gedeelte van de Waddenzee afkomstig is uit de Rijn.
Nu zijn niet alle gifstoffen even schadelijk. Sommige hebben echter de vervelende eigenschap, dat ze in bepaalde organen opgeslagen worden. Dit is bij voorbeeld het geval met kwik. We vinden dit bij zeehonden terug in de lever en de hersenen.
Kwik zit in het zeewater en het slib. Hierin groeien algen, die op hun beurt ook weer kwik bevatten. Kleine vissen eten plankton, grote vissen eten kleine vissen. Aan het einde van deze voedselketen staat de zeehond. Dit dier krijgt al het kwik naar binnen dat de andere dieren uit deze voedselketen hebben opgespaard.
Mensen lopen minder risico. De zeehond eet uitsluitend vis, wij zo nu en dan.
De zandplaten in de Waddenzee spelen een belangrijke rol in het leven van de zeehonden. Op deze platen rusten de zeehonden uit en worden in de maanden juni en juli de jonge zeehonden geboren. Zo'n geboorte moet betrekkelijk snel gaan. Als het opnieuw vloed wordt, moet de geboorte enige uren achter de rug zijn, de jonge zeehond moet onmiddellijk in staat zijn om met zijn moeder mee te zwemmen.
Een zeehond wordt geboren na een draagtijd van ongeveer elf maanden en weegt bij zijn geboorte zo'n tien kilo. Ze groeien snel, na een maand is hun gewicht al verdubbeld. Een volwassen mannetje weegt zo'n 110 kilo, een vrouwtje ongeveer 70 kilo.
Een vrouwtje krijgt per keer één à twee jongen. De geboorte van twee jongen brengt een klein drama met zich mee. Bij de meeste dieren volgt het jong het moederdier. Niet bij de zeehond, daar volgt het moederdier de jonge zeehond. Nu kan de moeder er maar één volgen, de ander gaat dan ook bijna altijd verloren. De zeehond is een zoogdier en het ontbreken van de moedermelk in de eerste levensfase is fataal.
Na de melk komt de vis. Een volwassen zeehond eet per dag zo'n vijf kilo. Om deze reden waren de vissers in vroeger jaren de

Zeehonden bij het Natuurrecreatiecentrum op Texel

zeehond nogal slecht gezind. Op dit moment is het aantal zeehonden zo sterk gedaald, dat zelfs de meest fanatieke visser in de zeehonden geen bedreiging meer kan zien.
De zeehond leeft in kleine kudden. Elke kudde telt zo'n twintig tot vijftig exemplaren.
In de winter verlaten de zeehonden de Waddenzee. Het water van de Noordzee is in deze periode van het jaar wat warmer dan het water van de Waddenzee. Dit temperatuurverschil beïnvloedt het gedrag van vissen en garnalen, het gebruikelijke menu van de zeehond. Deze dieren prefereren het warmere Noordzeewater en trekken weg. De zeehond volgt zijn voedsel om in april weer terug te keren in de Waddenzee.
In het Natuurrecreatiecentrum op Texel kunnen gewonde of zieke zeehonden terecht. Het zijn er niet zo veel, in het westelijk gedeelte van de Waddenzee leven nauwelijks nog zeehonden en volgens deskundigen worden in dit deel ook geen zeehonden meer geboren. In het Natuurrecreatiecentrum gebeurt dit wel. De jonge zeehonden, althans de mannetjes, worden op een geschikt moment weer uitgezet in de Waddenzee. Op de vrouwtjes is men nog zuiniger, die worden in het centrum gebruikt om nog meer zeehondjes te fokken. Dankbaar werk, maar zolang de kwaliteit van het water in de Waddenzee niet verbetert, blijft het de bekende druppel op de bekende plaat.
Het Natuurrecreatiecentrum is behalve op zondag, iedere dag geopend van 9.00 tot 17.00 uur. De zeehonden worden gevoerd om 15.30 uur.
Pieterburen, gelegen aan de Groningse kust, begint langzamerhand bekendheid te krijgen in Nederland. Niet alleen bekend als een centrum voor wadlopen, maar ook door het in het dorp gevestigde opvangcentrum voor zeehonden. Jonge zeehonden die hun moeder zijn kwijtgeraakt (huilers) en andere in problemen geraakte zeehonden worden in deze zeehondencrèche verzorgd. Gemiddeld zo'n drie à zes maanden zijn nodig om zieke exemplaren weer helemaal te laten herstellen, daarna worden ze weer losgelaten in de Waddenzee.

DE VOGELS

De vogelrijkdom op de Waddeneilanden is overweldigend. Ik weet niet of u er enig idee van heeft hoeveel vogels er zo gemiddeld in het Waddengebied verblijven? Ik geef u wat cijfers, waarbij u natuurlijk wel moet bedenken dat de vogels niet keurig op een rij gaan staan om zich te laten tellen. De enige gegevens die ze hebben zijn dan ook schattingen, maar wel van deskundigen. Bij voorbeeld de scholekster. Het aantal scholeksters ligt volgens deskundigen boven de 200 000. Het aantal kluten daarentegen zal niet boven de 10 000 à 15 000 uitkomen.
Nog wat schattingen. Bonte strandlopers ongeveer 100 000, zilvermeeuwen 40 000, eidereenden 40 000. Het totale vogelbestand op Ameland is ruim 60 000 en dat op Schiermonnikoog ongeveer 110 000. Dit zijn schattingen voor de zomermaanden, voor andere periodes van het jaar gelden weer andere aantallen.
Als u zich tot nu toe nog niet zo met de vogels hebt bezig gehouden, zal het u wel wat moeite kosten om de verschillende soorten uit elkaar te houden. Toch kunt u op één vakantie best al wat opsteken, een beetje wegwijs worden. Ik denk dat u twee dingen moet doen. Een goed begin kunt u maken door een tentoonstelling over vogels te bezoeken. Zo'n eerste kennismaking is niet alleen interessant, maar ook een ruggesteuntje als u zelf de natuur intrekt.
Zo zijn in het Natuurrecreatiecentrum op Texel de verschillende landschappen van het eiland in een aantal vitrines in beeld gebracht. U ziet wat er in zo'n landschap te vinden is en welke vogels er leven. Op Vlieland kunt u in het natuurhistorisch museum vele opgezette exemplaren bewonderen. Let daarbij op de vormen en kleuren van vleugels en snavels. In het natuurhistorisch museum van Terschelling staat een maquette waarop verschillende trekroutes staan aangegeven van vogels die op hun tocht naar warmere streken de Waddenzee aandoen. In het natuurhistorisch museum in Hollum op Ameland staan ook vele opgezette vogels terwijl u zich op Schiermonnikoog in het Bezoekerscentrum De Centrale aan de Torenstreek alvast wat kun oriënteren door middel van de vertoonde diaserie en de diorama's.
Let daarbij telkens op de grootte, de kleur, de vleugelwijdte en de vorm van de snavel. Dit zijn heel globale aanwijzingen, die herkenning meestal wel mogelijk maken.
U moet ook proberen om u wat te oefenen in het waarnemen in het veld. Niet zomaar wat kijken, maar proberen te letten op kleine en grote zaken. Kijk eens naar de vorm van de snavels. Sommige vogels hebben beitelvormige snavels. Andere vogels hebben een puntige of een wat kromme snavel. De bouw van de snavel hangt samen met het voedsel van de vogel. Als een vogel zich voedt met mossels of kokkels heeft hij een sterke snavel

nodig om de door een spier bij elkaar gehouden schelpen open te breken. De scholekster bij voorbeeld is verzot op kokkels en mosselen. De schelpen van deze beesten zijn echter niet te kraken. De scholekster heeft hier wat op gevonden. Hij duwt zijn snavel in een geopende schelp, en beschadigt dan de sluitspier van de schelp, zodat deze open blijft staan. Dit is een staaltje van krachtpatserij dat een andere vogel hem niet na zal doen. De scholekster heeft dan ook een voor dit doel bijzonder geschikte, sterke snavel. Andere vogels, die zich hebben gespecialiseerd in kleinere prooidieren, kunnen met zo'n stompe snavel weinig uitrichten. Zij hebben meer aan een dunne, puntige snavel.
Ondanks alle verschillen hebben de vogels op de eilanden twee gemeenschappelijke wensen. Ze willen voedsel en rust. Deze twee wensen kunnen ondanks de aanwezigheid van de mens nog voldoende vervuld worden. Toch is het met de rust voor de vogels erg gesteld. De aanwezigheid van enkele mensen kan een hele kolonie vogels de lucht in jagen.
Toeristen verstoren nogal eens broedkolonies. Vandaar dat de Boschplaat op Terschelling in het broedseizoen verboden gebied is, evenals het oostelijke deel van Schiermonnikoog. Zo worden voor een mooie foto weleens kolonies aan het schrikken gemaakt. Als alle vogels dan tegelijk wegvliegen, levert dit een mooi plaatje op. De vogels zijn dan wel de dupe.
Militaire oefeningen zijn voor de rust natuurlijk funest. Grote terreinen worden op deze manier ongeschikt gemaakt als broedgebied. Wel kunnen de vogels hier nog terecht voor hun voedsel. Maar het is de vraag of ze dat nog willen in de herrie.
Met de voedselvoorziening van de vogels is het beter gesteld. Vooral die delen van het wad die bij laag water droogvallen vervullen een belangrijke functie bij het foerageren van de vogels. Ondanks de schijnbare levenloosheid wemelt het wad van leven. De pieren, mosselen en andere prooidiertjes verstoppen zich onder het zand.
Nu is het niet zo dat iedere vogel hetzelfde voedsel consumeert. De meeste vogels specialiseren zich in een groep prooidieren. Een groep vogels, waar ook de sterns en de aalschovers toe behoren, is onafhankelijk van het getij. Zij halen hun voedsel uit de zee zelf en hoeven dus niet te wachten tot het wad droogvalt. De meeuwen, die altijd wel achter de boten aanvliegen, kunnen hun voedsel niet uit zee opduiken. Daarom proberen ze bij de veerboten en garnalenkotters hun kostje bij elkaar te bedelen. Lukt dit niet, dan moeten ze net als de steltlopers bij laagwater het wad op, om hier hun eten te zoeken.
Er zijn ook vogels die niet van het wad leven, maar van zaden, bessen of insekten. Zij zoeken hun voedsel op het eiland. Op Ameland is de eendenkooi bij voorbeeld een geliefde pleisterplaats voor deze vogels.
Door de afwisseling van naald- en loofbossen, duinen en weiden,

is de variatie in voedselaanbod groot. Dit trekt veel verschillende vogelsoorten aan. Zangvogels kunt u hier vaak zien en nog vaker horen. Ook weidevogels als de grutto en riet- en duinvogels als de karekiet en de rietgors. Fazanten kunt u op de eilanden ook niet missen. Zelfs tussen de vakantiebungalows en in de tuinen van de kleine dorpjes zoeken ze soms hun voedsel, daarbij vaak een handje geholpen door de mens. Even talrijk als de fazanten zijn de kieviten. De kievit is een typische weidevogel, gemakkelijk te herkennen aan het sierlijke pluimpje op zijn kop. In de polder en op de kweldergronden kunt u deze vogel vaak tegenkomen. Ook meer zeldzame vogels kunt u op de eilanden bewonderen. Bij het duinmeer De Muy op Texel vindt u bij voorbeeld een kolonie lepelaars. Een belangrijke broedplaats, zelfs zo belangrijk dat Staatsbosbeheer deze broedplaats voortdurend laat bewaken. In de Oerderduinen op Ameland hebt u een goede kans om de velduil tegen te komen. Zo'n ontmoeting is in dit gebied geen zeldzaamheid, in de rest van Nederland wel. De veldmuis, die op de andere Waddeneilanden niet voorkomt, dient niet alleen als prooi voor de velduil, maar ook voor de kiekendief. Deze roofvogel kennen we in drie in Nederland weinig voorkomende soorten, namelijk de blauwe, de grijze en de bruine kiekendief. Alle drie broeden ze op Ameland.
De eilanden zijn niet alleen belangrijk voor vogels die het hele jaar door blijven, maar ook voor de trekvogels. Sommige soorten, zoals de zilvermeeuw en de kleine mantelmeeuw blijven hier broeden. Andere vogels komen in voor- en najaar, op hun trektochten tussen Noord- en Zuid-Europa. De Waddenzee is voor beide categorieën onmisbaar. Op Terschelling is een negatief aspect van de vogeltrek te zien: de uit Skandinavië overgevlogen rotganzen strijken daar in zulke grote getalen neer dat hele weilanden worden kaalgevreten. Men is bezit om ze te 'verleiden' naar de Boschplaat, waar weliswaar minder gras is, maar waar ook geen boeren boos kunnen worden.

Tot slot van dit hoofdstuk zullen we een zevental vogels iets uitgebreider bespreken.
Door het grote aantal kunt u op uw wandelingen de *scholekster* niet missen. De nederlandse scholeksters overwinteren vooral aan de Franse en Spaanse kust. De scholeksters die de wintermaanden in Nederland doorbrengen, zijn afkomstig uit de Skandinavische landen. In de volksmond wordt de scholekster 'bonte-piet' genoemd. Deze naam is afgeleid van het geluid dat de vogel maakt en van de oranje-rode snavel die duidelijk opvalt bij de overigens zwart-witte kleuren van de veren. Vooral in de paartijd klinkt overal op het eiland het schelle piet-piet-piet. De vogels vertonen dan een nogal opgewonden en voor de mens niet te begrijpen gedrag. Momenten waarop de vogels stokstijf staan worden afgewisseld met korte sprints over een meter of

Inderdaad: Scholekster!

tien. Daarna staan de vogels weer stil, ondertussen wel voortdurend 'piet' roepend.
De scholekster voedt zich met mossels en kokkels. Lekker eten voor een vogel, maar deze dieren zitten goed verscholen in hun schalen. Met een sterke spier houdt bijvoorbeeld de mossel zijn schalen op elkaar. Om deze kapot te hakken, beschikt de scholekster over een beitelvormige snavel.
De *zilvermeeuw* is een middelgrote tot grote vogel. De kop en de hals, de onderdelen en de staart zijn wit. Mantel en vleugels zijn grijs. Onvolwassen vogels zijn geheel bruin gevlekt. Na het tweede jaar krijgen ze hun volwassen uiterlijk. Onder andere in het duingebied de Boschplaat (op Terschelling) broeden ieder jaar weer enkele duizenden paren. Dit zijn enorme aantallen. Toch waren er niet altijd zoveel zilvermeeuwen. Vroeger werden de eieren nogal eens geraapt. Ze werden als een delicatesse beschouwd. Toen men na de Eerste Wereldoorlog het rapen stopzette, nam hun aantal drastisch toe. Dit werd ook weer niet toegejuicht. Zilvermeeuwen zijn immers echte rovers. Ze stelen eieren en jongen van andere vogels. Dat was niet de bedoeling van de vogelbeschermers. Men begon maar weer eieren te rapen, in de hoop dat het aantal meeuwen zo weer zou verminderen. Men ging er zelfs toe over oude meeuwen te vergiftigen. Toch wisten de vogels zich te handhaven.
Het is vreemd, maar nu de oude vogels niet meer vergiftigd wor-

den en men bijna nergens meer eieren raapt, stabiliseert de stand zich toch.
Zilvermeeuwen zijn de laatste jaren hoe langer hoe meer afhankelijk geworden van de mens. Ook de zilvermeeuw pikt z'n graantje mee uit de welvaartsruif. In de wintermaanden gaat deze vogel namelijk niet naar het zuiden. Nee, hij wisselt het wad in voor de grote steden. Hier, en op de vuilnisbelt scharrelt de zilvermeeuw z'n kostje op. In de lente verwisselt hij deze sombere plaatsen weer voor het wad. Dan is hier weer het bekende tafereel te zien van een vissersboot gevolgd door een tros hongerige meeuwen.
Een echt bijzondere vogel is de *grote stern*. Een middelgrote vogel met een vleugelwijdte van zo'n 94 cm. De veren op het achterhoofd kunnen als een kuif opgezet worden. Dit, en de lange zwarte snavel met een gele punt maken de vogel makkelijk te herkennen. Omdat ze zo sierlijk vliegen worden sterns ook wel zeezwaluwen genoemd. Sterns kunnen, anders dan meeuwen, hun voedsel uit zee opduiken. Vanaf de boot naar Vlieland of Terschelling is dit schouwspel goed gade te slaan. Op het eilandje Griend ligt namelijk één van de twee broedkolonies van de grote stern die er in Nederland zijn. De andere kolonie is kleiner en ligt in Zeeland. Vroeger waren er ook kolonies op andere plaatsen, onder andere op Texel. Toen was het totaal aantal vogels ook veel groter dan nu. In 1964 werd een absoluut dieptepunt bereikt. Grote aantallen vooral jonge vogels stierven toen. Het bleek dat de dieren vergiftigd waren. Een chemische fabriek had zich van afval ontdaan door dit in de Nieuwe Waterweg te pompen. Via de Noordzee kwam het gif in de Waddenzee terecht. Het chemische bedrijf zorgde voor een betere afvalverwerking, en sindsdien is er geen massale sterfte onder de grote sterns meer voorgekomen. De populatie heeft zich echter nog niet van de ramp hersteld.
Het is jammer dat zo'n leuke vogel als de grote stern zo weinig meer voorkomt. Een van de aardige kanten van de stern is zijn broedgedrag. Dat is namelijk nogal vreemd. Broeden doet de stern in kolonies. De nesten liggen hier dicht bij elkaar. Als een jong enkele dagen oud is, als het dan tenminste nog niet door een meeuw of een scholekster is opgepeuzeld, wordt de kolonie wat te druk voor hem. De ouders nemen het jong dan mee naar een stillere plek en verstoppen het onder planten. Deze schuilplaats is zo veilig, dat de ouders beide op visvangst kunnen gaan en het jong niet hoeven te beschermen. De hoeveelheden voedsel die zo aangevoerd kunnen worden zijn groot en het jong groeit snel. Na een week of zes is het vliegvaardig en niet meer compleet afhankelijk van de ouders.
Een andere aardige vogel is de *wulp*. Dit is de grootste soort uit de steltlopersfamilie. De wulp is te herkennen aan de lange poten, waar de familienaam ook op duidt, en aan zijn lange, krom-

me snavel. Deze vogels broeden in het duingebied. Hier vinden ze slakken, spinnen, zaden en bessen. Eigenlijk eten ze alles wat ze hier kunnen verschalken. Maar zijn de jongen groter, en kunnen ze vliegen, dan verhuist de hele familie naar het wad. Op het drooggevallen wad vinden ze dan allerlei eetbaars. Als het kan krabben, maar als die er niet zijn eet de wulp wormen en allerlei schelpdieren. De wulp is dus een bijzonder veelzijdige vogel, die in de meest uiteenlopende terreinen voedsel zoekt.
Als u de wulp op het eiland of op het pad treft, bedenk dan dat het een heel schuwe vogel is, die absoluut niet gesteld is op menselijk gezelschap.
Een andere zeer fraaie vogel die u in het Waddengebied kunt tegenkomen is de *kluut,* al is hij veel minder talrijk dan de scholekster. De kluut zoekt zijn voedsel vooral op de natte gedeelten van het wad. De plaatsen waar het nog vochtig en modderig is. Door zijn lange poten loopt de kluut hier gemakkelijk door en overheen. Het liefst eet hij zeeduizendpoten. Dit wormpje zit enkele centimeters diep in de modder. De kluut heeft een lange, dunne snavel. De punt is wat opgewipt. Een uitstekend instrument om kleine wormpjes uit het slik op te pikken.
De *eidereend* is gemakkelijk te herkennen. Het zijn grote eenden. Het volwassen mannetje is zwart, met een witte borst en rug. Zoals bij alle eenden is het vrouwtje in menselijke ogen minder mooi, 'gewoon' bruin.
De eidereend is een betrekkelijk nieuwe verschijning in ons land. In het begin van onze eeuw begonnen eerst enkele exemplaren, maar later veel meer eidereenden hun oorspronkelijke broedgebieden in het noorden te verlaten en zich op de eilanden te vestigen. Op het wad vinden ze hun voedsel: wormen, krabben en schelpdieren. Hoewel de eidereenden dus al ruim vijftig jaar op de Waddeneilanden wonen, hebben ze nog een aantal gewoonten uit het noorden overgehouden. Op de kale rotsachtige kusten waar ze eerst woonden, moest een zacht nest worden gebouwd. De eidereend plukte donsveertjes uit zijn verenpak en bekleedde hiermee zijn nest. Zo ontstond een veilig plaatsje voor de vier tot vijf groene eieren die de eidereend legt. In ons land nestelt de vogel in veel zachter terrein, maar onze vriend blijft zijn donzen nest bouwen. In Noorwegen verzamelen behendige klimmers het dons van de nesten. Dit wordt gebruikt als vulling van nogal dure slaapzakken.
Toch een interessante vogel, de eidereend. In het voorjaar wijdt het wijfje zich met grote zorg aan het uitbroeden van de eieren. Niet altijd even rustig. Vogels en andere dieren proberen de eieren te roven. Soms is het wijfje gedwongen het nest te verlaten. Ze werpt dan wat uitwerpselen op het nest. Deze uitwerpselen schijnen een stof te bevatten die ratten en roofdieren afschrikt. Als de eieren zijn uitgekomen gaat de moeder met haar jongen op stap. Altijd dezelfde reis, altijd naar de Waddenkust en niet

naar de Noordzeekust. Een gevaarlijke tocht. De jonge eidereenden kunnen zichzelf nog niet verdedigen tegen de aanvallen van de zilvermeeuwen. Voortdurend moet het moederdier bescherming bieden. Om sterker te zijn, sluiten de eidereenden zich op deze tocht zoveel mogelijk aaneen. Als u in het voorjaar de Wadden bezoekt, hebt u een goede kans om zo'n koppeltje eidereenden op hun tocht naar de Wadden tegen te komen.
In de duinen zijn de *bergeenden* zeer nadrukkelijk aanwezig. Een mooie vogel met een vuurrode snavel en een bruine band op de borst. De bergeend legt haar zes tot twaalf eieren het liefst in een konijnehol. Dat is op Schiermonnikoog geen probleem, het aantal konijnen op dit eiland is bijzonder groot.
Midden 1963 werd het aantal bergeenden in het Waddengebied geschat op ruim 5 000; begin 1967 op bijna 50 000. Nu mag u hieruit niet concluderen, dat het aantal bergeenden in ongeveer drie jaar is vertienvoudigd. In de zomermaanden zijn er minder bergeenden. In deze periode trekken veel bergeenden naar het Duitse Waddeneiland Grosse Knechtsand om te ruien, waarbij de oude veren afvallen om plaats te maken voor nieuwe.

VISSEN

Als u op een van de eilanden regelmatig het strand opgaat, kan het haast niet missen. U komt ze tegen, de vaak in stoere regenkleding gestoken sportvissers. Het hengelen in zee is de laatste jaren erg populair geworden. Geen wonder, het vissen in zee is niet aan beperkende maatregelen gebonden. Bovendien, het mag gedurende het gehele jaar. Dat is in de binnenwateren wel anders. De vangst? Bot, schar en vaak ook paling.
Je bent helemaal een dagje uit als je een plaatsje huurt op een boot. Bovendien ben je dan haast zeker van een behoorlijke vangst. De schippers kennen de goede stekjes, weten waar je in een bepaalde tijd van het jaar moet zijn om bepaalde vissoorten te kunnen vangen. Het kost wat geld, maar meestal loont het de moeite. Makreel, greep, jonge kabeljauw en zelfs haaien kunt u vangen. Deze haaien worden ruwe haaien genoemd. Ze zijn zo'n anderhalve meter lang. Vanuit de Noordzee trekken ze via de zeegaten de Waddenzee op om bij voorbeeld jonge haring te vangen.
De meeste vissers gebruiken de zeepier als aas. Naast de werphengel is op de Waddeneilanden de hoekswant populair. De hoekswant is een lange lijn met vele tientallen van haken voorziene dwarslijntjes. Even voor de vloed opkomt, wordt de lijn uitgezet op het strand. Bij teruglopend tij kan de soms rijke buit worden binnengehaald.
Er zijn niet alleen sportvissers, maar natuurlijk ook beroepsvissers. Voor zover deze op de Waddenzee vissen, richten zij zich vooral op garnalen, mosselen en kokkels. Andere vissen worden hier praktisch niet gevangen. Schol, tong, kabeljauw enzovoort komen hier wel voor, maar alleen als kleine visjes. Als ze volgroeid zijn zwemmen ze naar de Noordzee, waar ze gevangen worden voor de consumptie. De Waddenzee is voor deze soorten door de hoge temperatuur en de grote voedselrijkdom slechts een 'kinderkamer'. Anders is het met de mossel- en garnalenvangst. Het mosselbedrijf is nogal arbeidsintensief. In het westelijk deel van de Waddenzee liggen percelen waar men mosselen in 'cultuur' houdt. Hiervoor vist men in de lente en zomer mosselzaad op, dat vrij voorkomt in de Waddenzee. Dit zaait men uit op percelen en na twee jaar kan de visser oogsten. Een positief effect van de mosselteelt is de diversiteit van dieren die door de banken worden aangetrokken. Eén van de dieren die zich op de mosselbanken uitstekend thuisvoelt is de aal. De aal wordt door de eilandbewoners in fuiken gevangen.
De meeste mosselvissers zijn afkomstig uit de Zeeuwse plaatsen Bruinisse en Yerseke. In het begin van de jaren vijftig hebben deze vissers hun vangstgebied moeten verplaatsen. Een parasiet verdreef de mosselcultuur uit de Zeeuwse wateren.
De garnalenvisser is gemakkelijk te herkennen aan de aan beide

Pierstekers op het wad

kanten van zijn schip hangende trechtervormige netten. Deze netten worden over de bodem getrokken. Garnalen en ook andere dieren worden op deze manier gevangen. De garnalenvangsten nemen in belangrijkheid af. Hiervoor zijn verschillende redenen. Om te beginnen de betere vangstmogelijkheden elders. Dit maakt het minder lucratief in de Waddenzee te vissen. Verder komen de natuurlijke vijanden van de garnaal, bij voorbeeld de kabeljauw, in de Waddenzee veel voor. Ook is de zee de laatste jaren steeds verder verontreinigd. Dit is niet bevorderlijk voor haar bewoners. De laatste en zeker niet onbelangrijkste reden is de overbevissing. Niet alleen de grote garnalen worden gevangen, maar ook de onvolgroeide. De grote (groter dan 35 mm) zijn bestemd voor consumptie. De kleinere garnalen worden gedroogd en als veevoer verkocht. Hierdoor wordt de latere vangst van grote garnalen in de kiem gesmoord. Bovendien wordt door de gebruikte vangmethode ook een grote hoeveelheid jonge platvis vernietigd. Deze problemen spelen natuurlijk niet voor de sportvissers. Voor hem is er genoeg vis in de Waddenzee. Overigens zijn Texel en Terschelling de enige eilanden waar ook zoetwatervis kan worden gevangen. Voor verdere informatie over sportvissen raadplege men de aparte hoofdstukken over de eilanden.

Twee maal Vlieland

FOLKLORE

Totdat de toeristen de Waddeneilanden ontdekten, leefden de eilandbewoners tamelijk geïsoleerd. Misschien is dit de reden, dat een aantal gebruiken uit het verre verleden zich op de eilanden hebben gehandhaafd. Op alle eilanden vindt u nog wel iets, meestal rond Sinterklaas en oudejaarsavond, op Schiermonnikoog rond Pinksteren.
Op Vlieland rijden de jongelui op oudejaarsavond om twaalf uur met hun bromfietsen door het dorp. De uitlaten zijn dan zo bewerkt, dat ze zoveel mogelijk herrie maken. Daarna begint de jeugd alles weg te slepen wat los zit. Grote pret, wanneer op nieuwjaarsdag de eigenaar z'n spullen loopt te zoeken.
Terschelling heeft een rijke traditie wat betreft volksliederen en volksdansen. Beide kunstvormen staan in Terschelling, net zoals in de rest van Nederland, weer in de belangstelling. Er zijn enkele boekjes met Terschellinger volksliederen uitgegeven. En er is zelfs een vereniging opgericht tot behoud van het Terschellinger lied. Op het eiland floreren eveneens enkele dansgroepen, die 's zomers voor de toeristen uitvoeringen geven van de Terschellinger volksdansen. Leuk om naar te kijken, het is natuurlijk helemaal heerlijk zelf ook eens een dansje te wagen. Een aardige bijkomstigheid is dat de dansgroepen de fleurige klederdracht van Terschelling tonen. Nou ja . . . Eigenlijk is het niet de echte Terschellinger dracht die u getoond wordt. Deze was namelijk helemaal in onbruik geraakt. Zoals overal elders waren het de mannen die hier het eerst de klederdracht aflegden, zodat er geen mannenkleren meer waren. Voor de dansgroepen is daarom een speciaal kostuum ontworpen. Dit lijkt op de kleding die in het midden van de vorige eeuw door de mannen werd gedragen. Eenvoudig en niet al te opvallend. Hierbij steekt de kleding van de vrouwen wel erg kleurig af. Op Terschelling droegen de meeste vrouwen vroeger zwarte kleding (de rouwkleur, de zee eiste haar tol) maar de dansgroepen tonen de oorspronkelijke heldere tinten. De vrouwendracht is, hoewel niet spectaculair of uitbundig, het aanzien zeker waard.
Verschillende feesten zijn jammer genoeg verdwenen. Het Op'e Ryd, een feest waarbij men gezamenlijk in ouderwetse, met bloemen versierde huifkarren over het eiland trok, bestaat niet meer. De huifkarren komen nu alleen nog voor de dag om toeristen over de Boschplaat te rijden. Een rustige en ontspannen manier om eens een kijkje te nemen op de Boschplaat, maar het steekt wel wat af bij de vroegere uitbundige feestelijkheid. Ook de meifeesten worden niet meer massaal gevierd. Vroeger werden in de duinen meivuren gestookt, maar dit is nu verboden vanwege het brandgevaar.
Wat wel is gebleven is Sint Maarten. Dit is een typisch kinderfeest. Kinderen dragen lampions en gaan zingend langs de hui-

zen. Ze hopen dan een kleinigheid te krijgen. Dit feest wordt ook in andere delen van Nederland nog gevierd.
Voor de volwassenen zijn er het Sundrumfeest en het burebier of borrebjeer. Beide feesten zijn eigenlijk mannenaangelegenheden. Het Sundrumfeest wordt op 6 december op Oost-Terschelling gevierd. De mannen verkleden zich en gaan dan de straat op. Overal waar de deur openstaat zijn ze welkom voor een borreltje. De bedoeling is, dat de dorpsgenoten raden wie er achter de maskers verborgen zitten. Aan het einde van de avond gaat iedereen naar de plaatselijke kroeg, waar onder grote hilariteit het demasqué plaatsvindt. In januari is het opnieuw groot feest: het borrebjeer. De afrekening van de jaarlijkse pachten, huren en andere financiële verplichtingen die de borre, de gemeenschap, aangaat, wordt traditiegetrouw met een bierfeest gevierd.
In het plaatselijke café drinken de mannen 's avonds samen 'wareme tsjettel', een zeer warm mengsel van bier, brandewijn en bruine suiker. Hierbij worden koek en krentenbollen gegeten. Voor diegenen die behoefte hebben aan een zwaardere maagvulling is er roggebrood met spek.
Grote faam heeft het feest van de Sundeklazen op Ameland. Vooral in het dorpje Hollum wordt het gevierd. Op 4 december is het 'kleine Sundeklaas' voor jongens tot 18 jaar, op 5 december is het 'grote Sundeklaas' voor de volwassen mannen. Gedurende deze twee dagen spelen de mannen vanaf 5 uur 's middags de baas. Vrouwen en kinderen moeten binnen blijven. De mannen hullen zich in witte lakens, zetten maskers op en jagen gewapend met hoorns en stokken de geesten weg. Om 7 uur gaan de mannen de vrouwen ophalen. Onder begeleiding van een man worden de dames dan naar een 'open huis' gebracht. Na 8 uur mogen de vrouwen dan gaan raden wie er achter zo'n griezelig masker verstopt zit. Jongens beneden de 18 jaar proberen soms ook mee te doen aan het 'grote Sundeklaas'. Dit mag niet en daarom proberen de grote sundeklazen deze jongens te vinden. Komen twee of meer sundeklazen elkaar tegen dan knijpen ze elkaar stevig in de handen. De bedoeling is, dat een valse sundeklaas zich dan verraadt. Lukt het om niet ontdekt te worden, dan heeft zo'n jongen voor vele jaren stof voor sterke verhalen. Lukt het niet en wordt hij ontdekt, dan krijgt hij er stevig met een stok van langs.
Op Schiermonnikoog concentreren de oude folkloristische gebruiken zich rond het pinksterfeest. Kallemooi heeft dit evenement en niemand weet precies wat dit betekent. De Kallemooi is een hoge mast, die precies om twaalf uur in de nacht van zaterdag op zondag (eerste pinksterdag) wordt opgezet. Ook de plaats is door een lange traditie precies vastgelegd. De Kallemooi wordt opgericht aan de Reeweg, tegenover Hotel van der Werff, het vroegere raadhuis van Schiermonnikoog.
De gewoonte om een versierde mast op te zetten, kennen we al

heel lang in de geschiedenis. In de Franse tijd (ca. 1800) heette zo'n met groen versierde mast een vrijheidsboom.
Ook de Kallemooi krijgt wat groenversiering, maar dat is niet het opvallendste. Ook de vlag, met daarin het woord Kallemooi, trekt niet de meeste aandacht. De belangstelling van de vele toeschouwers gaat toch vooral uit naar de boven in de mast gehesen mand. Iemand op Schiermonnikoog mist op deze zaterdagavond zijn haan. U begrijpt het al, deze haan wordt opgeborgen in de hoog in de Kallemooi bevestigde mand. Zielig? Dat valt wel mee, in de mand zit namelijk ook een vochtig gemaakt brood. Honger en dorst hoeft de haan dus niet te lijden. Op derde pinksterdag krijgt de eigenaar zijn haan weer terug. Vreugde bij de kippen, maar ook bij de kinderen, want de dag dat men de Kallemooi laat zakken is vooral voor de kinderen een feestdag.

PRAKTISCHE INFORMATIE

DE REIS NAAR DE WADDENEILANDEN

Naar Texel, Terschelling en Ameland kunt u uw auto meenemen, naar Vlieland en Schiermonnikoog niet. Als u naar één van deze twee eilanden gaat zult u uw auto aan 'de wal' moeten laten staan, respectievelijk in Harlingen en in Lauwersoog. In de volgende paragrafen staan de details hiervan beschreven.

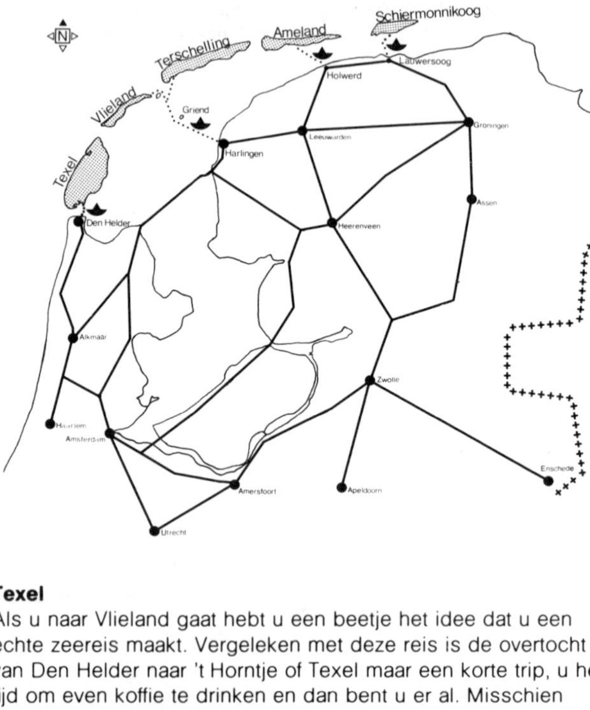

Texel
Als u naar Vlieland gaat hebt u een beetje het idee dat u een echte zeereis maakt. Vergeleken met deze reis is de overtocht van Den Helder naar 't Horntje of Texel maar een korte trip, u hebt tijd om even koffie te drinken en dan bent u er al. Misschien wordt u snel zeeziek, in dit geval zult u het juist plezierig vinden dat de overtocht niet te lang duurt.
U maakt de reis aan boord van een van de schepen van de TESO. Deze afkorting staat voor Texels Eigen Stoomboot Onderneming. Een particuliere maatschappij, ontstaan door het initiatief van ontevreden eilandbewoners in het begin van deze eeuw. De vaarprijs en het aantal afvaarten zijn altijd dankbare discussiepunten geweest, maar de ontevredenheid zo rond 1900 was

groot, zo groot, dat een en ander leidde tot de oprichting van de TESO. In vroeger jaren meerden de schepen van deze maatschappij af in het schilderachtige haventje van Oudeschild. Toen de schepen groter werden ging dat niet meer en werd de veerhaven verplaatst van Oudeschild naar 't Horntje.
Normaal vertrekt de boot ieder uur. De eerste boot vanuit Den Helder gaat om 6.35 uur (op zondagen 8.35 uur) en de laatste om 21.35 uur. De boten van Texel naar Den Helder gaan tussen 6.05 uur ('s zondags 8.05 uur) en 21.05 uur. In de zomermaanden kunt u elk half uur vertrekken. Hoewel in het hoogseizoen dus extra afvaarten worden ingelast, moeten automobilisten in de maanden juli en augustus in de weekenden en op feestdagen soms wel rekening houden met lange wachttijden.
Uw conclusie is juist, de capaciteit is onvoldoende. Om deze capaciteit te vergroten werd enkele jaren geleden een dubbeldeks veerboot in de vaart gebracht. Tot nu toe is het bovendek echter nog niet in gebruik, omdat aan de wal de faciliteiten ontbreken om auto's naar dit dek te kunnen laten rijden. Wie zal dit betalen is de oude vraag en Rijkswaterstaat, de gemeente Texel en de TESO hopen allemaal op betere tijden.
In tegenstelling tot Vlieland en Schiermonnikoog, mag u naar Texel dus uw auto meenemen. Reserveren is niet mogelijk, hoeft ook niet, als u maar buiten de 'spitsuren' blijft.
Voor mensen die met de trein naar Den Helder gaan: elk uur vertrekt lijn 3 van het station naar de haven.
Voor informatie over prijzen kan men zich direct tot de TESO richten: TESO,
Pontweg 1,
1797 SN Den Hoorn (Texel),
tel.: 02226-441 (tijdens kantooruren).
Voor informatie over dienstregeling en tarieven zijn er de volgende telefoonnummers: 02226-393 en 02230-13586 (dag en nacht bereikbaar).

Vlieland en Terschelling
De boten naar Vlieland en Terschelling vertrekkken uit het Friese plaatsje Harlingen. Harlingen is te bereiken met de trein vanuit Leeuwarden. Bussen rijden vanuit Alkmaar en Leeuwarden (lijn 97) en uit Heerenveen (lijn 9). De bussen stoppen vlak bij de afvaarplaats van de boot naar Terschelling.
Wanneer u met de auto naar Harlingen komt, is het verstandig al een tijdje voor vertrek aanwezig te zijn. De stalling van uw auto kan namelijk wat moeite kosten. Parkeerruimte is er genoeg, maar soms wat ver weg. Er is een onbewaakt parkeerterrein aan de kant van de Afsluitdijk. Een bewaakt parkeerterrein vindt u langs de weg naar Leeuwarden, ongeveer tien minuten lopen van de boot. In de winter kan deze parkeerplaats gesloten zijn. Reserveren hoeft niet, kan wel. Informaties en telefonische reser-

veringen voor de bewaakte parkeerplaats: 05178-3527.
Wilt u uw auto in een garage stallen, reserveer dan tijdig. Vooral in het hoogseizoen zijn deze garages snel volgeboekt. Enkele adressen: Garage de Boer, Noorderhaven 61, tel.: 05178-2689; Garage van IJken, Grote Bredeplaats 26, tel.: 05178-2882; Garage Jonkman, Schritsen 1, tel.: 05178-7777.

Nu u met bus of trein aangekomen bent, of uw auto veilig geparkeerd staat, kan de werkelijke overtocht naar Vlieland of Terschelling beginnen. Deze wordt onderhouden door Rederij Doeksen. Adres: Willem Barentszkade 21, West-Terschelling Telefoon op Terschelling 05620-6111, op Vlieland 05621-313.
Deze maatschappij verzorgt de normale veerdiensten en de sneldiensten per Koegelwieck naar Terschelling.
De Koegelwieck heeft een vaartijd van zo'n 45 minuten. Deze boot vervoert uitsluitend personen, dus geen auto's en geen vracht.
De Koegelwieck vaart in het seizoen (1 mei-16 september) drie maal per dag, op vrijdag vier maal. Buiten het seizoen minstens twee maal per dag.
Met de normale veerdiensten vaart u 1½ uur, zowel naar het voor auto's van toeristen verboden Vlieland, als naar Terschelling. Wanneer u naar dit laatste eiland een auto mee wilt nemen, moet u dit wel van tevoren bespreken bij Rederij Doeksen. De meeste mensen nemen hun auto trouwens niet mee naar Terschelling. De afstanden daar zijn gering en het openbaar vervoer is goed gere-

geld. De veerboten naar de beide eilanden varen in het seizoen drie maal, daarbuiten twee maal per dag.
De overtocht op een veerboot is een aardig begin van uw vakantie. Door de reisduur van 1½ uur is het net een klein zeereisje. Op de boot heerst meestal een vrolijke stemming. In de zomer zijn de boten tamelijk vol, zodat het vinden van een zitplaats binnen wat moeilijkheden kan opleveren. Blijft u buiten, dan kunt u meer zien van de reis. Eerst vaart u langs de Pollendam. Eb en vloed verplaatsen massa's zand in de Waddenzee en deze dam moet er voor zorgen dat de vaargeul naar de haven van Harlingen open blijft. Zonder de Pollendam zou deze geul snel dichtslibben. Bij laagwater steken de groenbegroeide basaltblokken boven het water uit, bij vloed staan ze helemaal onder water. Daarom is een hele rij bakens op de dam geplaatst.
Voorbij de Pollendam geven drijvende boeien de vaarroute aan. Een eiland dat u halverwege de oversteek rechts van de boot kunt zien liggen, is het onbewoonde eiland Griend. Griend is niet altijd onbewoond geweest. In de dertiende eeuw heeft op Griend een kleine, maar welvarende gemeenschap gewoond, bestaande uit Friese kloosterlingen en wat boeren. De belangrijkste bron van inkomsten waren de tolgelden, die de schepen die door de Vliestroom kwamen moesten betalen. In de achttiende eeuw werd Griend verlaten. De zee had te veel van het eiland overspoeld. In 1958 en 1973 is het overgebleven deel opgespoten. Zonder dit menselijk ingrijpen zou Griend nu helemaal verdwenen zijn. Tegenwoordig huizen op Griend grote kolonies vogels. Zij komen hier elk jaar weer om te broeden. Zo zijn er de grote stern, het visduifje, de noordse stern en de bergeend. Het eiland is eigendom van de Staat en van de Vereniging tot Behoud van Natuurmonumenten. Griend is niet toegankelijk voor publiek. In de broedtijd zorgen twee vogelwachters voor bewaking.
Na nog wat doorvaren doemen de hoge duinen van Vlieland op. De boot naar Vlieland maakt vlak voor het eiland nog een onverwachte omweg. Opnieuw zo'n zandplaat. Het schip moet om de Richel heenvaren om de veerdam van Oost-Vlieland te kunnen bereiken. En daar ligt dan toch nog wat onverwacht Oost-Vlieland. Vooral als de zon schijnt, kunt u zich geen plezieriger eerste kennismaking voorstellen. Voor velen liefde op het eerste gezicht.

De boot naar Terschelling lijkt na Griend ook recht op Vlieland af te varen. Maar dan draait de boot naar rechts, weg van Vlieland en recht op Terschelling af, dat nu ook duidelijk te zien is. De Brandaris steekt boven alles uit! De spanning op de boot neemt nu ook toe. Iedereen probeert vooraan te staan bij de reling, om zoveel mogelijk te zien.

Ameland

De boot naar Ameland vertrekt uit Holwerd. Dit terpdorpje aan de Friese kust is gemakkelijk te bereiken. Per auto of met het openbaar vervoer (busverbindingen van en naar Groningen en Leeuwarden) behoeft de reis geen probleem te zijn.

Naar Vlieland en Schiermonnikoog mag u uw auto niet meenemen, naar Ameland wel. Als u dit van plan bent moet u echter wel tijdig voor de boot reserveren. Afhankelijk van het aantal passagiers en de andere lading, kunnen per dag zo'n 400 à 500 auto's worden overgezet. Dit lijkt behoorlijk veel, maar vooral in het hoogseizoen willen veel meer mensen met hun auto naar de overkant. Een half jaar van te voren reserveren is zeker ten aanzien van de maanden juli en augustus geen overdreven termijn.

De boot vertrekt vier maal per dag en de reis duurt drie kwartier. Voor alle informatie en reserveringen moet u zich richten tot: Wagenborg Passagiersdiensten B.V., pb 70, 9163 ZM Nes/ Ameland. Telefoon: 05191-2001. Reserveringen kunt u uitsluitend schriftelijk doen. Bij uw reserveringen moet u de gewenste dag en tijd van de overtocht opgeven (zowel heen als terug) én het merk en kenteken van de auto.

Lukt het u niet om uw auto mee te nemen, dan is dat geen ramp. Bij aankomst op Ameland is er vanaf de steiger openbaar vervoer. Als u veel bagage bij u hebt kunt u ook een taxi nemen.

De boot naar Ameland vertrekt niet vanaf de dijk. Dit kan ook niet, voor de dijk ligt nog een vrij brede strook land en verder maakt de afwisseling van hoog en laag water een vertrek vanaf dit punt onmogelijk. Een twee kilometer lange pier brengt u naar de rand van een ook bij laag water nog bruikbare vaargeul.

U zult deze pier meestal nogal snel en onoplettend afrijden. Begrijpelijk, u bent aan het einde van uw reis en uw aandacht richt zich al op de boot. Jammer, want de korte rit over de pier geeft u al een aardige indruk van het Waddenlandschap. De pier loopt eerst door buitendijks grasland. Dit land loopt onder normale omstandigheden niet meer onder water. Na dit grasland passeert u het 'front-gebied', de strook waar de mens door allerlei activiteiten probeert er land bij te winnen. Het laatste stuk van de pier loopt door het wad naar de rand van de vaargeul.

Uw auto kunt u op het grote parkeerterrein op deze pier gemakkelijk kwijt. Dit parkeerterrein ligt ook vlak bij het kantoor waar u uw plaatsbewijzen voor de boot moet kopen. Als het weer wat tegen zit of als u om wat voor reden dan ook wat vroeg bent, kunt u schuilen of alleen maar wachten in het restaurant op de pier.

De reis van Holwerd naar de aanlegsteiger bij Nes op Ameland is het meest interessant bij laag water. Veel zandplaten vallen dan droog en u krijgt een goed beeld van de Waddenzee en de problemen waar je mee te maken krijgt als je met een vrij groot schip in deze zee gaat varen. Bakens geven de vaargeul aan. Soms is

de vaargeul maar erg smal en zie je als passagier links en rechts op vrij korte afstand de zandplaten.
De reis duurt misschien toch wat langer dan u dacht. U ziet al vrij snel, een beetje afhankelijk van het weer, de torentjes op Ameland. U begrijpt dan niet dat de reis een uur moet duren. De verklaring voor de wat lange reisduur is natuurlijk het feit, dat u niet rechtstreeks naar Ameland vaart. Het schip volgt de vaargeul en deze is lang en kronkelig.

Schiermonnikoog
Misschien bent u op het idee gekomen om uw auto, die u niet mee mag nemen naar het eiland, maar helemaal thuis te laten en neemt u de trein. De spoorwegen brengen u dan echter niet helemaal naar Lauwersoog. U zult, afhankelijk van uw woonplaats, per trein naar Leeuwarden of Groningen moeten reizen en daar de bus moeten nemen. Vanuit Leeuwarden brengt de F.R.A.M. u naar Lauwersoog, vanuit Groningen brengt de G.A.D.O. u naar de boot.
De vertrektijden van de boot kunt u het beste even opvragen bij de VVV van Schiermonnikoog (telefoon: 05195-1233) of bij Wagenborg Passagiersdiensten (telefoon op Schiermonnikoog 05195-1210, in Lauwersoog 05193-9079).
Vroeger, toen de veerboot naar Schiermonnikoog nog vertrok uit Zoutkamp, was de vaarroute langer. De huidige reisduur is sterk afhankelijk van het getij. Bij vloed vaart de boot bijna in een rechte lijn in zo'n half uur naar Schiermonnikoog. Bij minder gunstig tij kan de tocht wel twee keer zo lang duren.
Als u na aankomst op de aanlegsteiger van Schiermonnikoog naar het dorp wilt gaan lopen, moet u wel weten dat dit zo'n drie kilometer is langs de dijk en door de polder. Als u zelf gaat lopen of fietsen, kunt u uw bagage meegeven met de bodedienst van de firma Wagenborg. Als u de afstand te groot vindt om te lopen, kunt u ook de bus nemen of een taxi (tel.: 1462 of 1377).

OPENBAAR VERVOER OP DE EILANDEN

Op alle eilanden rijden bussen. Voor een dienstregeling kunt u het beste even contact opnemen met de VVV. U begrijpt dat op het betrekkelijk grote Texel de frequentie wat groter is dan op de kleinere Waddeneilanden als Vlieland en Schiermonnikoog.
Op de meeste eilanden zijn de aankomst en het vertrek van de boot belangrijke momenten. Bij uw aankomst staat er dan ook altijd een bus te wachten. In de uren voorafgaande aan het vertrek rijden, met name zo rond en in het weekend, de bussen af en aan.
Als u de bus te druk vindt, en vooral in het hoogseizoen zijn de bussen nogal eens afgeladen, kunt u natuurlijk ook een taxi nemen.
Veel hotels brengen met eigen vervoer hun gasten van en naar de boot.
Als u te voet of per fiets op een eiland arriveert, kunt u uw bagage ook meegeven met de auto of de kar die zorgt voor het vervoer en de distributie van de aangeboden bagage. Vooral op de wat kleinere eilanden is het vervoer van de bagage uitstekend georganiseerd. Trouwens, als u op Vlieland en Schiermonnikoog niet bij de bushalte staat, maar lopend langs de weg uw hand opsteekt, hebt u een goede kans dat de bus u meeneemt.
Verdere informatie is, als dat nodig was, opgenomen bij de beschrijving van de afzonderlijke eilanden.

OVERNACHTINGSMOGELIJKHEDEN

In een gebied dat zozeer is ingesteld op het toerisme als de Waddeneilanden vindt u op het gebied van de overnachtingsmogelijkheden natuurlijk een groot en gevarieerd aanbod. Op deze plaats beperken we ons tot een aantal algemene opmerkingen, in de beschrijving van de eilanden vindt u aanvullende informatie.
Hotels vindt u op alle eilanden. Hotels in soorten en dus ook in allerlei verschillende prijsklassen. Moderne hotels en hotels boordevol nostalgie, vol herinneringen aan de tijd van de zeilvaart en het stoomschip, kleine familiehotels en moderne appartementenhotels. Hoe groter het eiland, hoe meer keus.
Duizenden mensen brengen hun vakantie jaarlijks door in een gehuurde bungalow. Ook wat betreft deze bungalows, al dan niet fraaie en luxe vakantiehuisjes, heeft elk eiland voldoende aanbod. Voldoende? Voor het hoogseizoen moet u er wel tijdig bij zijn, de vraag overtreft dan het aanbod. Bij de VVV van elk eiland kunt u een compleet overzicht van dit aanbod krijgen, met adressen enzovoort. De meeste eilanden hanteren een in samenwerking met de ANWB opgezette classificatie van de huisjes. Op basis van deze indeling kunt u zich een indruk vormen van de inrichting en het comfort van het huisje dat u wilt huren.
Meestal huurt u een huisje rechtstreeks van de eigenaar. Soms speelt de VVV een bemiddelende rol bij de verhuur of moet u via de VVV boeken. Verdere informatie over de gebruikte classificatie vindt u bij de beschrijving van de eilanden.
Kamperen kunt u op alle eilanden. Als u niet op een meestal nogal klein kampeerpaspoortterrein gaat staan, mag u rekenen op voldoende comfort en ruim voldoende voorzieningen. Op veel kampeerterreinen zijn in het hoogseizoen recreatiemedewerkers actief, sommige campings draaien een volledig programma. De kampeerterreinen zitten in het hoogseizoen meestal wel erg vol. Reserveren is vaak verplicht en altijd aan te bevelen. Adressen en telefoonnummers vindt u bij de beschrijving van de eilanden.
Naast de meer gangbare overnachtingsmogelijkheden vindt u op veel eilanden ook vaak nog wat meer specifieke mogelijkheden, zoals speciale voorzieningen voor de jeugd of voor groepen. In de eilandenoverzichten zijn deze voor een groot gedeelte opgenomen. U vindt daar adressen en telefoonnummers van kampeerboerderijen, jeugdherbergen en dergelijke.
Het loont zeker de moeite om eens te letten op de speciale aanbiedingen. Speciale aanbiedingen moet u natuurlijk niet verwachten in het hoogseizoen. In het voor- en naseizoen bieden de hotels in samenwerking met de VVV's vaak aantrekkelijke meerdaagse reizen aan. Soms mikt men in bepaalde weken op een bepaalde groep en wordt er bij voorbeeld een bejaardenreis georganiseerd. Niet alleen de korting, maar ook de speciale pro-

gramma's maken zo'n reis interessant.
Samenvattend, de mogelijkheden om op de Waddeneilanden te overnachten zijn talrijk en gevarieerd. U kunt duur terecht, maar ook redelijk goedkoop. Als u buiten het hoogseizoen op vakantie kunt, bent u minder geld kwijt.
Aarzel niet om bij het maken van uw plannen de hulp in te roepen van een VVV. De VVV's op de Waddeneilanden zijn goed gedocumenteerd, zeer geroutineerd en bijzonder actief (adressen en telefoonnummers van de VVV-kantoren vindt u bij de gegevens van de verschillende eilanden).

ZWEMMEN IN ZEE

Langs de gehele Nederlandse kust brengt het zwemmen in zee bepaalde risico's met zich mee. Dit geldt ook voor de Waddeneilanden. Nu moeten we echter ook weer niet gaan overdrijven. Met enige kennis van zaken en wat voorzichtigheid kunt u de risico's tot een minimum beperken. Er zijn op de eilanden een paar dingen waar u rekening mee moet houden.
Aan het Noordzeestrand moet u liever maar niet gaan zwemmen bij teruglopend water. U kent de stromingen langs de kust niet en moet ook maar niet proberen deze te leren kennen. Voor kinderen, maar voor hen niet alleen, is de combinatie van stroming en wind vaak levensgevaarlijk. Opgepompte banden, luchtbedden en bootjes kunnen leeglopen of wegdrijven. Onderschat dit gevaar niet. Het is verstandig om er voor te zorgen, dat kinderen niet verder dan tot hun middel in zee gaan.
Als u het water ziet stijgen moet dit voor u een teken zijn de familie tot vlakbij of op het strand terug te roepen. Onderschat vooral aan de Waddenkust de risico's niet. Het water kan door de zandbanken en geulen u verrassend snel voor problemen plaatsen.
Als u op uw terugtocht naar het strand toch nog een geul moet passeren en de stroom is u te sterk, begin dan niet in paniek te handelen. De vaak te vermoeiende strijd tegen de stroming moet u vermijden. Het beste is dat u lopend probeert een zandbank te bereiken. Lukt dit niet, probeer dan te blijven drijven en de aandacht van de mensen op het strand te trekken.
Overdreven dit verhaal? Toch niet, jaarlijks gebeuren er langs de Nederlandse kust nog te veel ongelukken. Zorg dat uw vakantie leuk blijft.
Als u zo min mogelijk risico wilt lopen, ga dan naar een van de bewaakte stranden, die op alle eilanden te vinden zijn.

WADLOPEN

Wat is een vakantie op een Waddeneiland zonder een wadloop? En dan bedoelen we niet in eerste instantie een prestatieloop zoals die bijvoorbeeld vanuit het wadloopcentrum Pieterburen georganiseerd wordt. Het gaat hier om een kleine wandeling over het wad, niet te ver uit de kust. Het hoeft dan niet gevaarlijk te zijn. U moet alleen met een paar dingen rekening houden.
Om te beginnen moet u hoog- en laagwaterstanden in de gaten houden. Een overzichtje hiervan kunt u halen bij de plaatselijke VVV-kantoren. Op deze manier kunt u zien wat het meest geschikte tijdstip voor een bezoek aan het wad is.
Als u op het wad bent, ga dan niet te ver uit de kust en steek bij laagwater geen geulen over. Bij vloed stromen deze geulen juist het eerste vol. U kunt dan van de kust afgesneden raken. De zandplaat aan de andere kant van de geul hoeft echt niet mooier of interessanter te zijn dan die waarop u staat. Denk daaraan als u de verleiding moeilijk kunt weerstaan een geul over te steken. Loop niet te ver. Zorg er altijd voor dat u ruimschoots voor de vloed weer aan de kust staat. Keer onmiddellijk terug als u denkt dat het water begint te stijgen, of als het weer verslechtert. Niet nog even iets willen bekijken, of tot dát plekje lopen, of nog vijf minuutjes doorgaan. Nee, ga meteen terug als u de zaak niet meer vertrouwt. Bedenk dat u een tijdje gelopen hebt en vermoeider zult zijn dan aan het begin van de wandeling. De terugweg zal dan ook moeilijker zijn dan de heenweg. Wees voorzichtig. Het wad zal er morgen ook nog wel liggen. Zorg dat u er dan nog van kunt genieten.

Dat klonk allemaal nogal voorzichtig en afschrikwekkend. Nu zult u zich afvragen wat nu eigenlijk het leuke van het wad is. De stilte, de uitgestrektheid en de zilte zeelucht natuurlijk. En het 'stappen zetten' waar nog niemand heeft gelopen. Het wad heeft iets heel rustgevends. Het geeft een idee van oneindigheid en eenzaamheid. Dit is nu precies wat sommigen samenvatten in de woorden 'een dooie boel'. 'Afgezien van wat vogels is er niets te zien, niets te beleven'. 'Jammer van je tijd daar heen te gaan', zeggen ze. En als u op de dijk staat en voor de eerste keer het wad ziet, zult u ze misschien gelijk geven. Het wad lijkt een grote troosteloze vlakte, zonder enig leven. Als u de moeite neemt wat beter te kijken, komt u al snel tot andere conclusies.
Op het wad vinden grote aantallen vogels hun voedsel. Dat ligt er meestal niet voor het oprapen. De vogels graven hun eten uit. Allerlei schelpdieren hebben zich namelijk in de bodem ingegraven. Als de vogels ze kunnen vinden, kunt u het ook. Graaf eens bij een kuiltje of bij die gekrulde zandhoopjes die er zoveel liggen. Tien tegen één dat u een zeepier vindt. De zeepier wordt gebruikt als aas door de sportvissers. Mannen die op de gekste

tijden van de dag op het wad met een spade in de weer zijn, zoeken deze dieren om zich later op hun hobby te kunnen uitleven. Kijkt u ook eens in kleine plasjes. Hierin kunnen jonge garnalen achtergebleven zijn. Als u goed kijkt kunt u nog heel wat andere diertjes ontdekken. Het wad wemelt van het leven.

BESCHRIJVING VAN DE EILANDEN

TEXEL

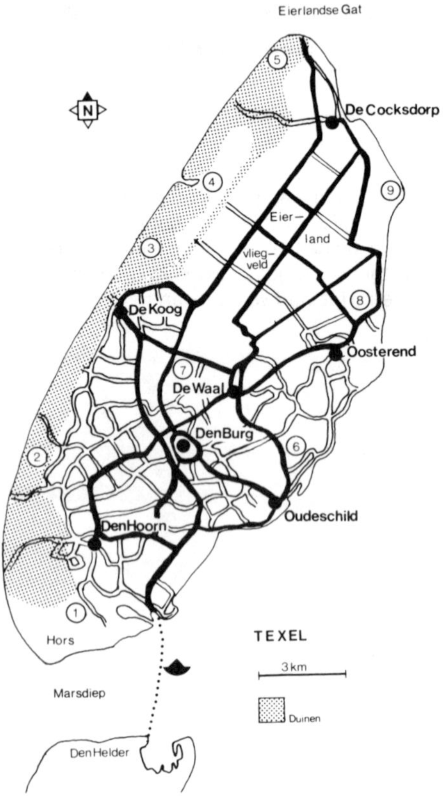

Het eilandschap

Als u de officiële, door de VVV uitgezette route over het eiland volgt, zit u toch nog altijd zo'n 75 kilometer op uw fiets of in uw auto. Plezierige kilometers, die u niet alleen een indruk geven van de verschillende landschappen, maar ook van de grootte van dit Waddeneiland.

We weten betrekkelijk veel over de geschiedenis van Texel. Oude kaarten laten bijvoorbeeld zien, dat er in vroeger eeuwen duidelijk sprake was van meer dan een eiland. Ten noorden van Texel lag nog een tweede eiland, Eyderland. In de jaren 1629 tot 1630 heeft men tussen deze eilanden een dijk aangelegd, de tegenwoordige Zanddijk. Toen er eenmaal een verhoging in het landschap was ontstaan, kwam de natuur de mens te hulp. Door de samenwerking van zee, zon en wind ontstond voor deze Zanddijk een brede strook duinen. Een sterke zeewering, maar dit betekende niet, dat de zee zich gewonnen gaf. Integendeel, in het midden van de vorige eeuw brak de zee op een drietal plaatsen door deze duinenrij heen. Voor de Texelaars een ernstige zaak. In de jaren dertig was achter de Zanddijk namelijk de *polder* Eierland drooggelegd. De gaten die de zee in de duinenrij had geslagen, konden gemakkelijk een bedreiging gaan vormen voor de nieuwe polder en de rest van het eiland. Door de drie doorbraken af te dammen probeerde de mens de zee opnieuw terug te dringen. Deze pogingen slaagden slechts ten dele. Het duinmeer De Muy, o.a. broedkolonie van lepelaars, is een restant van een van deze drie zeearmen. Pogingen om De Slufter af te dammen mislukten helemaal.

Er zijn op Texel nog meer voormalige zeearmen te vinden. De Roggesloot bij De Cocksdorp in het noorden van het eiland en de Mokbaai in het zuiden van het eiland zijn voorbeelden van restanten van zeearmen. Trouwens, de kleine plasjes die men op veel plaatsen op Texel langs de dijken vindt, zijn vaak ook nog overblijfselen van dijkdoorbraken in vroegere eeuwen. De laatste inpoldering vond plaats in 1876 en voegde de polder Het Noorden bij Texel.

Texel heeft de toerist in landschappelijk opzicht veel te bieden: duinen, polders, bos, heide, landelijke dorpjes, het meer stedelijke Den Burg, vogelreservaten, het wad, enzovoort.

Het duingebied omvat zo'n 3 500 ha, de bossen ongeveer 500 ha. Deze bossen vindt u ruwweg tussen de dorpen de Koog en Den Hoorn. In dit gebied en ten noorden van De Koog vindt u ook de heidevelden. Misschien is het woord heidevelden een wat te pretentieus woord, omdat het hier beslist niet grote stukken betreft. Een van de typische kenmerken van het Texelse landschap is de tuinwal. U vindt deze tuinwallen op de hogere gronden. Nu kennen we in meer delen van ons land wallen als afgrenzing van het land. Vaak werden ze opgeworpen om de grond tegen opstuivend zand te beschermen. Meestal werden deze wallen - en dat

vergrootte hun beschermende werking - ook nog beplant. De wallen op Texel zien er echter heel anders uit. Ze zijn steil en onbeplant.
De inwoners van de meeste Waddeneilanden zijn wat betreft hun levensonderhoud in belangrijke mate aangewezen op het toerisme. Dit geldt niet voor Texel, integendeel: de landbouw, veeteelt, bloembollencultuur en de visserij brengen met elkaar ongeveer twee keer zoveel geld in het laatje als het toerisme.
Het eiland Texel meet 18 360 ha, waarvan ongeveer de helft wordt gebruikt voor de landbouw, en wel volgens de volgende verdeling: 6 000 ha grasland, 2 700 ha akkerbouw, 400 ha bloembollenteelt en tuinbouw. De akkerbouw legt zich toe op de verbouw van granen, bieten en aardappelen.
In de Texelse veeteelt speelt het schaap een belangrijke rol. Het schaap was vroeger geen teken van welvaart. Het houden van koeien was financieel gezien aantrekkelijker. Schapen werden gehouden als onvruchtbare grond het houden van rundvee bemoeilijkte of onmogelijk maakte. De ruim 20 000 schapen op Texel worden hoofdzakelijk gehouden voor de vleesproduktie. De op Texel gefabriceerde schapekaas is wel lekker, maar zal zich nationaal en internationaal nog een naam moeten verwerven.
Ook de bloembollenteelt geeft op Texel een aantal mensen werk. De ruim 300 ha bollengrond worden gebruikt door ongeveer honderd grotere en kleinere bedrijfjes.
Texels bemoeienis met de visserij is voor de toeristen een aantrekkelijke zaak. De drukte die dit bijvoorbeeld in de haven van Oudeschild met zich meebrengt, de mogelijkheid om een tochtje te maken aan boord van een garnalenvisser . . . de toeristen genieten er van.
Zonder zorgen zijn de vissers bepaald niet. De overbevissing op de Noordzee en de als gevolg hiervan door de EEG ingevoerde quota spelen ook de Texelse visserij ernstig parten. Mede als gevolg van deze maatregelen heeft de vangst van kabeljauw voor een deel de plaats ingenomen van de vangst van platvissen als schol en tong. Ook de hoge energieprijzen en de grote investeringen in schepen en materiaal bedreigen de Texelse vissersvloot.

Ten slotte nog wat cijfers over het toerisme. Het aantal slaapplaatsen op Texel bedroeg in 1950 ongeveer 6 500 en in 1976 bijna 40 000. In 1951 bedroeg het aantal overnachtingen ruim 300 000. In 1974 was dit aantal gegroeid tot ruim 2 000 000. In 1982 bedroeg dit aantal ongeveer 2 500 000 (meest recente cijfer), waarmee de maximale capaciteit van het eiland wel bereikt is.

Flora

Een aantal planten op Texel moet zich proberen te handhaven

onder nogal extreme omstandigheden. Dit geldt voor de planten op de gronden die onstaan door aanslibbing in de Waddenzee en zeker ook voor de planten die proberen wortel te schieten in de nog jonge duinen.
In het aanslibbingsgebied is de ***zeekraal*** meestal de eerste plant die erin slaagt zich te handhaven. De zeekraal kan wel wat zout in de bodem verdragen. Zelfs op gronden die zo nu en dan nog onder water lopen laat deze plant zich niet wegjagen. Zo'n halve eeuw geleden heeft zich uit Engeland een andere zoutminnaar ingevoerd. Dit Engelse ***slijkgras*** kan met de zeekraal wedijveren in het verdragen van veel ongerief. Als de omstandigheden wat beter worden, de bodem wat minder vochtig en wat minder zout, vestigen zich in het kweldergebied ook wat mooiere planten, zoals het ***schorrekruid,*** de ***zeeweegbree*** en het ***lamsoor.***
Even extreem zijn de omstandigheden voor de planten die een rol spelen bij het ontstaan van de duinen. Soms is het zand drijfnat, meestal erg droog, bovendien heeft de wind bijna altijd vrij spel. Zijn er planten die zich in dergelijke omstandigheden kunnen handhaven? Gelukkig wel, want planten zijn onmisbaar bij het ontstaan en later bij het handhaven van de duinen. Planten en bomen houden het duinzand vast en voorkomen verstuiving. Rijkswaterstaat is erg gelukkig wanneer de strandkweek wortel begint te schieten. Ook het ***biestarwegras*** wordt met enig enthousiasme begroet.

De belangrijkste hulp van de mens bij het vasthouden van de duinen is de ***helm.*** Vooral in de beginfase speelt deze plant een belangrijke rol. Als de duinvorming eenmaal heeft plaatsgevonden, houdt de helm het meestal voor gezien. Geen ramp, want de situatie is dan meestal zoveel verbeterd dat ook andere planten zich kunnen handhaven. Deze nieuwkomers nemen dan de rol van de helm over.
Kwetsbaar blijft het duingebied natuurlijk altijd. Als de wind eenmaal greep krijgt op een duin, is er meestal geen houden aan.
Op veel plaatsen, vooral in het gebied van de Slufter, kunt u een aantal 'zeewaterplanten' bekijken. In mei en juni bloeit met roze bloemetjes het Engelse slijkgras. In augustus domineert het paars van het bloeiende lamsoor.
Bos en heide vindt u tussen De Koog en Den Hoorn. De bossen op Texel zijn niet oud. Zestig à tachtig jaar is niet veel voor een bos. De ongeveer 500 ha zijn kort na 1900 aangelegd door Staatsbosbeheer. Afhankelijk van de grondsoort en de vochtigheid van de bodem heeft Staatsbosbeheer een keuze gemaakt. Sparren hebben bijvoorbeeld in principe minder water nodig dan loofbomen. Een nadeel van de spar is, dat onder deze boom weinig of niets wil groeien. De takken houden het licht tegen en elke plant heeft licht nodig om te kunnen leven.
Bij de aanleg van het bos heeft men niet alleen gebruik gemaakt van vaderlandse boomsoorten. Een mooi voorbeeld van een uit een ander deel van Europa ingevoerde boom is de Corsicaanse den. Deze den, herkenbaar aan zijn zwarte bast, is afkomstig uit de landen rond de Middellandse Zee. Als de bodem een beetje vruchtbaar is en niet al te droog, dan wil de Corsicaanse den wel groeien. Op Texel is een aantal van deze dennen nu de twintig meter gepasseerd.
Waar de grond het toeliet plantte Staatsbosbeheer loofbomen. De combinatie van naald- en loofbomen zorgt ervoor, dat de bossen op Texel een zeer afwisselend gezicht tonen. Op een aantal plaatsen, vooral aan de rand van de bossen, kunt u zien, dat de wind het de bomen nogal moeilijk maakt. De bomen die als eerste de wind opvangen blijven klein en zijn vaak helemaal krom gegroeid.
Vroeger was er op Texel veel meer heide dan tegenwoordig. Door ontginningen en bosaanleg zijn veel heidevelden verdwenen. Heide groeit alleen op wat oudere grond. Op grond die nog niet zo lang geleden gewonnen is, zult u heideplanten tevergeefs zoeken. De reden hiervoor is, dat deze plant houdt van een schrale, kalkarme bodem. Eerst moet de regen alle kalk in de grond wegspoelen en daarna zal de heideplant er zich pas vestigen.
Op Texel komen drie soorten heideplanten voor. De ***dopheide*** (genoemd naar zijn dopvormige bloemen), de ***struikheide*** en de ***kraaiheide,*** die in de nazomer zwarte bessen krijgt.

Fauna

In vroeger eeuwen was Texel geen eiland, maar vormde het als onderdeel van de strandwal een geheel met de rest van Nederland. Dieren die in die tijd in Nederland voorkwamen, kunt u dan ook verwachten op Texel. Andere dieren die zich pas verspreid hebben nadat Texel een eiland was geworden, zult u op dit eiland dus niet tegen komen, behalve als de mens een handje heeft geholpen bij het passeren van de waterweg tussen Noord-Holland en Texel.
Dit is bijvoorbeeld het geval met konijnen, patrijzen en fazanten. De laatste twee dieren werden op Texel ingevoerd voor de jacht. Ze doen het goed op het eiland en ook de konijnen beginnen zich te herstellen van de mixomatose, een afschuwelijke ziekte die in de jaren zeventig veel slachtoffers heeft gemaakt.
De door de konijnen gemaakte holen worden ook gebruikt door een aantal vogels. De kauw maakt er zijn nest in, en ook de grijsgele tapuit vindt er een onderdak.
Er zijn ook een aantal dieren die u op uw wandelingen over het eiland beslist niet zult tegenkomen. Je zou kunnen zeggen, dat enkele dieren op Texel heel opvallend ontbreken. Reeën en vossen vindt u niet op het eiland. Ook de mol zoekt u tevergeefs in het Texelse polderland. Te midden van de talloze konijnen verwacht u natuurlijk ook de wezel. Als u dit roofdier zoekt, zoekt u tevergeefs; de wezel komt op Texel niet voor. Al deze dieren hadden - wat we tegenwoordig noemen - de kop van Noord-Holland niet bereikt voor Texel werd losgeslagen uit de strandwal en een eiland werd.
Leeg is de Texelse fauna echter allerminst, de talloze vogels zorgen voor boeiende ontmoetingen op uw zwerftochten op dit mooie eiland. De belangrijkste vogelsoorten zijn in een vorig hoofdstuk reeds beschreven.

Geschiedenis

De banden tussen Texel, de andere Waddeneilanden en de zee zijn eeuwenoud. Vaak hadden de eilandbewoners weinig keus. Landbouw en veeteelt waren slechts in beperkte mate mogelijk en ook in het aan polderland rijke Texel brak de zee herhaaldelijk door de te zwakke dijkjes.
Pas in de loop van de negentiende eeuw werd de situatie, mede door de inpoldering van Eierland, de Prins Hendrikpolder en 't Noorden, redelijk veilig. Een riante situatie was het echter nog lang niet omdat het hoge zoutgehalte van de bodem en het ontbreken van voldoende meststoffen een negatieve invloed hadden op de landbouw en de veeteelt. Het schaap kon zich in deze situatie overigens uitstekend handhaven. Zoals eerder vermeld zijn er nu ruim 20 000 schapen op Texel. In het midden van de vorige eeuw waren er bijna twee maal zoveel.
Voor de vele werkloze bewoners van Texel bood de zee uit-

komst. Gestrande schepen vormden een zeer welkome extra bron van inkomen: jutten was een wijd verbreide en algemeen geaccepteerde gewoonte.
De zee bood ook uitkomst omdat je kon aanmonsteren aan boord van een schip of kon gaan vissen. Op Ameland en Vlieland gingen veel mannen op de walvisvaart. Deze bedrijfstak trok ook werknemers van het eiland Texel. Een riskant vak was het wel. Men voer richting noordpool in een naar ons idee klein schip. Daarvoor was al veel moed en zeemanskunst nodig. Op de vangplaats aangekomen keek de uitkijk of hij een walvis zag. Daarna in de roeiboten en dan was het de kunst om de harpoen zo stevig mogelijk in de walvis vast te gooien. Eén harpoen was niet voldoende. Meer treffers waren noodzakelijk. Natuurlijk probeerde de walvis te ontsnappen. Met al zijn kracht - en die is niet gering - begon hij te zwemmen. Aan elke harpoen zat echter een lijn en deze lijn was weer vastgemaakt aan de roeiboot. U ziet het tafereel voor u. Een vluchtende walvis, met een aantal roeiboten op sleeptouw. De bedoeling was de walvis zo uit te putten en zo te verwonden, dat hij de strijd opgaf. Maar niet altijd trad de mens als overwinnaar uit deze strijd te voorschijn.
Een groot aantal Texelaars verdiende hun brood door zich te verhuren als loods. In 1780 beoefenden op Texel een kleine driehonderd mensen dit beroep. De route door de wateren rond Texel was dan ook gevaarlijk. De aanleg van het Noordhollandskanaal (1824) en het Noordzeekanaal (1875) en de oprichting van een rijksloodsdienst maakten de particuliere loodsen langzamerhand overbodig.
Ook de visserij bood veel inwoners van Texel werk. Een nogal grillige bedrijfstak, waarin perioden van voor- en tegenspoed elkaar afwisselden. In het midden van de vorige eeuw was de oestervangst erg belangrijk. Maar de vangsten liepen plotseling terug en de oester verdween helemaal uit de Waddenzee. De reden weet men niet, misschien was er sprake van overbevissing.
Mosselen, nu een veel gevraagd artikel, vond men tot 1900 oneetbaar. In de Eerste Wereldoorlog, toen er in veel landen een tekort aan voedsel was, werden met de vangst en verkoop van mosselen kapitalen verdiend. Na de oorlog was het weer afgelopen.
Zo ging het met de visserij op en neer, tot in onze tijd toe.

Een heel bekende gebeurtenis uit de meer recente geschiedenis van Texel is de opstand van de Georgiërs. Georgië is een van de republieken van de Sovjet Unie. Bij de Georgiërs bestond weinig waardering voor het grote Rusland en bleef het verlangen naar een eigen land leven. In Duitse krijgsgevangenschap tijdens de Tweede Wereldoorlog werden de Georgiërs voor de keus gesteld tussen een langzame dood door honger en ziekte of dienstnemen in het Duitse leger. Als hulptroepen in Duitse dienst kwam een bataljon Georgiërs ten slotte terecht op Texel. Het was duidelijk, dat ze na de oorlog in Rusland niet hoefden te rekenen op een hartelijk welkom: als landverraders wachtte hen een ander lot. Om hun situatie te verbeteren, kwamen ze op 6 april 1945 in opstand. Tegen de Duitse troepen, die snel versterkingen lieten aanrukken, waren de Georgiërs echter niet opgewassen. Het bataljon, dat ongeveer 800 man telde, verloor in de strijd 565 man. De overlevenden doken met behulp van de bewoners van Texel zoveel mogelijk onder. Na de oorlog keerden 228 Georgiërs terug naar Rusland. Texel verloor door deze opstand 120 inwoners. De materiële schade was aanzienlijk.

De dorpen

De ruim 5 000 inwoners van *Den Burg* zijn wel wat drukte gewend. Vooral in het hoogseizoen, wanneer de toeristen in Den Burg hun boodschappen komen doen, zijn de straten vaak vol met wandelende mensen. Het winkelaanbod is dan ook groot en gevarieerd. Gezellig is het wel, al zullen veel mensen Den Burg misschien wat te toeristisch vinden.
Den Burg is pas in de late middeleeuwen de belangrijkste plaats van het eiland geworden. Daarvoor was het nu verdwenen dorp De Westen het - laten we zeggen - hoofddorp.
Den Burg, winkelcentrum, bestuurscentrum, onderwijscentrum, maar niet het mooiste dorp van het eiland. In het verleden heeft Den Burg zelfs een wal en een gracht gekend. Deze gracht werd in het begin van deze eeuw gedempt, Jammer, en niet het enige voorbeeld van een weinig zorgvuldig omgaan met de mooie dingen uit het verleden.
In de oorlog werd het een en ander vernield, en een niet altijd even gelukkig naoorlogse bouwbeleid kan het gevoel van spijt alleen maar versterken.

De Cocksdorp, het jongste dorp van het eiland, telt ongeveer 400 inwoners. Het dankt zijn naam aan een Belgische vluchteling. Toen de Belgen in 1830 in opstand kwamen tegen hun en onze koning Willem I, leek het de heer De Cock beter om België maar te verlaten en zijn heil in Nederland te zoeken. We zouden hoogstwaarschijnlijk nooit meer van hem hebben gehoord, als hij niet een belangrijke rol had gespeeld bij de totstandkoming van de Eierlandse polder.
De Cocksdorp is nu nog een rustig plaatsje. Het ligt zo'n 150 meter van het strand en de toeristen hebben het dorpje tot nu toe een beetje links laten liggen.

U zult de naam van 't 450 inwoners tellende dorpje *Den Hoorn* in deze gids nogal eens tegenkomen. Den Hoorn heeft een vrij groot winkelaanbod en herbergt onder andere het Scheep-

Texel - kerkje van Den Hoorn

vaartmuseum. Het is een mooi dorpje. Dat vindt ook de overheid, want Den Hoorn is aangewezen als beschermd dorpsgezicht. De omgeving van Den Hoorn biedt de vakantieganger van alles: bos, heide, duinen, strand, vogelreservaten, de Hors enz.

Midden op het eiland, vlak bij de zee ligt het dorpje *De Koog*. Vroeger was dit 800 inwoners tellende dorp een vissersplaats. Het verzanden van de geulen die het dorp verbonden met de zee betekende het begin van een periode van verval.
Nu maakt De Koog opnieuw een bloeiperiode door: de plaats is namelijk uitgegroeid tot het toeristisch centrum van het eiland. Als u een liefhebber bent van drukte, mensen en gezellige winkelstraten, dan zult u De Koog best waarderen. Liefhebbers van rust en stilte kunnen zich beter oriënteren op een andere plaats.

In *Oosterend* vindt u de oudste kerk van Texel. Rondom deze kerk zijn zeer fraaie straatjes gebouwd. Als u Oosterend bezoekt, zult u begrijpen dat ook dit dorp is aangewezen als beschermd dorpsgezicht. Als u in dit plaatsje gaat kijken, moet u de auto maar aan de rand van het dorp laten staan. De straatjes zijn smal en lopend ziet en geniet u meer.
De banden tussen Oosterend en de zee zijn eeuwenoud en nog wonen de meeste Noordzeevissers in dit dorp.

In de scheepvaart van onze Gouden Eeuw speelde het plaatsje *Oudeschild* al een belangrijke rol. Daar woonden evenals in Den Hoorn talloze loodsen. Particuliere loodsen, die brodeloos werden door de aanleg van het Noordzeekanaal en de oprichting van de Rijksloodsdienst.
In 1780 kreeg Oudeschild een eigen haven die nu nog voor een belangrijk gedeelte het gezicht bepaalt van dit mede door zijn vele oude huisjes schilderachtige plaatsje.

De Waal is met zijn 250 inwoners het kleinste dorpje op Texel. Winkels zijn er bijna niet. Geen wonder, het veel grotere Den Burg is vlakbij. De Waal is wel mooi en het Wagenmuseum is een bezoek zeker waard.

Vogelreservaten
De Vogelreservaten op Texel zijn het eigendom van een tweetal organisaties. De nummers 1 t/m 5 op het kaartje geven de vogelreservaten aan die worden beheerd door Staatsbosbeheer, de nummers 6 t/m 9 zijn eigendom van de Nederlandse Vereniging tot Behoud van Natuurmonumenten.
We beginnen met de vogelreservaten van Staatsbosbeheer.

1. *De Geul*
De Geul is een duinmeer in het zuidelijk gedeelte van Texel. Het

meer maakt in feite deel uit van een grote duinvallei. Deze vallei is vochtig, waardoor er nogal wat rietbegroeiing is ontstaan.

2. *De Westerduinen*
U vindt dit reservaat tussen strandpaal 14 en 15, ten zuiden van de Westerslag. Een nogal droog en kaal gebied, waar een grote zilvermeeuwenkolonie huist.

3. *De Muy*
Een nogal vochtig gebied, bestaande uit een duinmeer met aangrenzend vochtige weidegronden. U vindt dit reservaat ter hoogte van kilometerpaal 23. Dit reservaat dankt zijn grote bekendheid vooral aan de lepelaarskolonie.

4. *De Slufter*
Noordelijk van de Muy vindt u de Slufter. In dit gebied, waar het zeewater door middel van kreken het land binnenstroomt, vindt u veel vogels. De bergeend en de eidereend behoren tot de trouwe bezoekers.

5. *Eierlandse duinen*
U vindt dit gebied tussen kilometerpaal 28 en paal 31. Een typisch duingebied, droog, met weinig begroeiing. Meeuwen en scholeksters vinden dit een prima plek.

Ook de vereniging tot Behoud van Natuurmonumenten bezit een aantal belangrijke reservaten.

6. *Dijkmanshuizen*
Dit reservaat is vooral belangrijk als broedplaats voor weidevogels en de vogels van het wad. Een vochtig gebied, achter de dijk, met veel plassen en eilandjes. U vindt dit reservaat tussen de dorpen Oudeschild en Oosterend.

7. *Waalenburg*
Ten noorden van Den Burg, vlak bij het dorpje De Waal vindt u het reservaat Waalenburg. Een oude, nogal vochtige polder, waarin men nu de grondwaterstand kunstmatig hoog houdt. Talloze weidevogels, zoals de grutto, de kievit en de tureluur broeden hier graag.

8. *Drijvers Vogelweide De Bol*
Tussen twee voormalige zeearmen ligt het uit grasland bestaande reservaat De Bol. Een geliefde pleister- en broedplaats van weide- en wadvogels. Om de voormalige secretaris van de vereniging te eren, werd zijn naam toegevoegd aan de naam van dit reservaat.

9. *De schorren*
Dit buiten de dijk gelegen gebied is vooral belangrijk als rustplaats voor de trekvogels. U vindt dit reservaat vlak langs de dijk, ten noorden van Oosterend, bij de polder de Eendracht.

Er zijn op Texel nog veel meer plaatsen, behalve deze vogelreservaten, die door hun vogelrijkdom een bezoek meer dan waard zijn. Bijvoorbeeld Hoogezandskil langs de Slufterweg; het waterwingebied tussen Den Hoorn en strandpaal 9; de Mokbaai. De Mokbaai, bij het Amfibisch Oefenkamp De Mok, is het restant van een oude zee-arm. U vindt in dit gebied bergeenden, scholeksters, wulpen, strandlopers enz.

U kunt deelnemen aan excursies naar een aantal vogelreservaten. De belangstelling voor deze excursies is meestal groot, het aantal deelnemers beperkt (maximaal 10 à 15 deelnemers), van te voren reserveren is dus wel aan te bevelen.
Voor de terreinen van Staatsbosbeheer moet u zich melden bij het Natuurrecreatiecentrum. We vertelden u het al, geopend elke dag behalve zondag, van negen tot vijf.
Voor excursies naar de terreinen van de Vereniging tot Behoud van Natuurmonumenten, moet u zich wenden tot de Heer Boot, Polderweg 2, De Waal (Telefoon: 02220-2590). Deze vereniging organiseert excursies naar De Schorren, De Bol en Dijkmanshuizen.
Voor al deze excursies laarzen meenemen.

Tochtjes
Op Vlieland moet u gaan lopen of fietsen, op het wat grotere Ameland kunt u het beste fietsen, op Texel kunt u fietsen, maar is ook de auto een goed middel om het eiland te leren kennen. Vooral voor een eerste kennismaking, het opdoen van globale indrukken. Voor dit doel heeft de VVV in Texel een ongeveer 75 km lange route uitgezet. Deze Texelroute voert u over het gehele eiland. U kunt overal de route beginnen.

Op de fiets ziet u ongetwijfeld meer dan in de auto. Voor fietsers heeft de VVV een viertal routes uitgezet. De Noordroute (30 km), de Oostroute (28 km), de Zuidroute (28 km) en de Westroute (25 km).
Bij de VVV kunt u een boekje kopen waarin deze vier routes staan beschreven. Kaartjes completeren de beschrijvingen. Fietsen kunt u overal op het eiland huren.

Wandelen is misschien een nog betere manier om Texel te leren kennen. Staatsbosbeheer heeft op Texel een aantal met gekleurde palen gemarkeerde wandelroutes uitgezet. De gebruikte kleuren zijn blauw en geel. *Geel* betekent een wandeling naar het

Texel - landschapsreservaat 'De Hoge Berg'

strand, *blauw* betekent dat u te maken hebt met een 'gesloten' wandeling. Volg de blauwe palen en u komt altijd weer op dezelfde plaats terug. Bij het Natuurrecreatiecentrum kunt u gratis beschrijvingen van deze wandelingen krijgen. Bij dit centrum kunt u ook een wandeling maken langs een natuurpad. Allerlei informatie opent u onderweg de ogen.

Voorbeelden van door Staatsbosbeheer uitgezette wandelingen:
Wandelroute 'Bleekersvallei (blauw). Start bij het parkeerterrein langs de Randweg, op de plaats waar deze weg vanaf het dorp De Koog het bos binnen gaat.
Wandelroute 'De Nederlanden', in het gebied ten noorden van de Ruigendijk (blauw).
Wandelroute 'De Hoge Berg' (blauw). Een geschikt startpunt kan bijvoorbeeld zijn het parkeerterrein tegenover de R.K.-kerk in Oudeschild.
Wandelroute 'Bos en heide' (blauw). Zelfde startpunt als de wandelroute Bleekersheide.
Wandelroute 'Bollekamer' (blauw). Startpunt: rechterkant van de weg van Den Hoorn naar het strand (Hoornderslag).
Wandeling in het gebied van de Slufter.

De VVV heeft bus-wandeltochten uitgezet. De bus brengt u heen en terug naar het wandelgebied. Routebeschrijvingen kunt u voor een gering bedrag kopen bij de VVV. Tussen Den Burg en Oudeschild, in het noordelijk en zuidelijk gedeelte van het eiland, is zo'n bus-wandeltocht uitgezet.

Als u uw ongeduld niet kunt bedwingen en een kennismaking met de auto, de fiets of te voet u te lang duurt, kunt u ook het vliegtuig nemen. Vanaf het vliegveld Texel aan de Postweg kunt u deelnemen aan een rondvlucht boven het eiland.
Ook rondvluchten over een groter gebied zijn mogelijk. Inlichtingen bij het vliegveld. Telefonische informatie via het nummer: 02225-464 of 436.

Sport
Sportieve mensen kunnen op Texel hun hart ophalen. De mogelijkheden op Texel zijn echter zo uitgebreid en gevarieerd, dat ze is dit hoofdstuk niet allemaal kunnen worden genoemd. Daarom in dit hoofdstuk wat suggesties, geen compleet overzicht.

Bridgen
Meestal een avond in de week in het appartementencomplex Kerckeland aan de Schumakersweg bij De Koog.

Bowling
Bowling speelt u in De Koog. Dorpsstraat 29 (De Koogel), Boodtlaan 6, (De Branding) en Dorpsstraat 31 (mini-bowling klok) zijn de adressen.

Catamaranzeilen
Cursussen bij het Zeilcentrum Texel. Adres: Heemskerckstraat-11a, Oudeschild.
Andere mogelijkheden: Zeilschool Theo Eilander, Kikkertstraat 47, De Cocksdorp en Zeilschool Westerslag.
Bij het Zeilcentrum Texel kan men ook terecnt voor zeezeilen en cursussen windsurfen.

Karting
Texels kartingbaan aan de Akenbuurtsweg bij Den Burg.

Midgetgolf
U vindt op Texel vijf banen. Twee in Den Burg en verder in De Cocksdorp, De Koog en Den Hoorn.

Paardrijden
Het centrum voor paardrijden is het dorp De Koog. U vindt daar de maneges Zoetelief (Oudedijkje 42) en Kikkert (Oudedijkje 41). Beide maneges verhuren paarden, pony's en ponykarretjes. In De Koog vindt u ook het Ruitercentrum Bornrif (Mienterglop 25).

Rijlessen, buitenritten, huifkarverhuur, enzovoort.
Vlak bij De Koog aan de Bosrandweg vindt u het Ponycentrum Elzenhof. Lessen, verhuur van pony's, strand- en bosritten.

Sauna
Saunabad Texel in Den Burg (Keesomlaan 43), Sauna De Koog (Parnassiastraat 8) en eveneens in De Koog Hotel Opduin (Ruyslaan 22).

Sportvissen
Als u zelf geen zeehengel bezit, kunt u er om te beginnen een huren. Dit kan op verschillende plaatsen: o.a. bij het Watersportcentrum Duinker in Oudeschild (Heemskerckstraat 11a) en bij Th. Eilander in De Cocksdorp (Kikkertstraat 47). Ook pieren kunt u kopen op deze twee adressen.
Als u met een bootje de Waddenzee op wilt, kan dat ook. U kunt een bootje huren bij de al eerder genoemde Eilander in De Cocksdorp. U kunt ook terecht bij A. de Smidt in de polder Het Noorden (Schorrenweg 54). Hier kunt u ook terecht voor pieren.
U kunt natuurlijk ook een plaatsje huren aan boord van een schip. De schepen vertrekken om 10 uur 's morgens en zijn omstreeks vijf uur weer terug. Als u wilt boeken, kantoren en schepen vindt u in de haven van Oudeschild. In dit zelfde plaatsje kunt u ook boeken voor een tocht op een garnalenkotter. U kunt dan kennismaken met het werk van deze vissers. Leuk, vooral ook voor kinderen. Vertrektijden meestal om 10 uur 's morgens en twee uur 's middags.

Tennis
Tennissen kunt u in het Tennispark De Koog (Schumakersweg).
U kunt ook een baan huren bij Hotel Opduin in De Koog (Ruyslaan) en Hotel Rebecca in het dorpje De Waal (Hogereind 39).

Zwemmen
Als u zo weinig mogelijk risico wilt lopen bij het zwemmen in zee kunt u het beste naar een van de bewaakte stranden gaan. Deze stranden worden bewaakt van negen uur 's ochtends tot zes uur 's avonds. Twee organisaties zijn hierbij actief. In het zuidelijk gedeelte van het Noordzeestrand het Utrechts Studenten Corps, in het noordelijk gedeelte de Koninklijke Nederlandse Bond tot het Redden van Drenkelingen.
Bewaakte stranden vindt u bijna altijd aan het einde van een verharde weg naar het strand. Bijvoorbeeld aan het einde van de Hoornderslag bij kilometerpaal 9, aan het einde van de Jan Aijeslag bij kilometerpaal 12, aan het einde van de Westerslag bij paal 15 (daar kunt u ook varen met een catamaran). Verder nog bij de kilometerpalen 17, 19, 20, 21, 28 en 31.

Naaktstrand vindt u tussen de kilometerpalen 27 en 28.

U kunt natuurlijk ook gaan zwemmen in een van de twee zwembaden die Texel rijk is. Hotel Opduin in De Koog (Ruyslaan 22) heeft een overdekt en verwarmd zwembad. In Den Burg vindt u aan de Slingerweg het verwarmde openluchtbad Molenoog. Dit bad maakt deel uit van een wat groter complex; u vindt er ook nog een zonneweide, speeltoestellen, enz.

Parachutespringen
Voor diegenen die de voorkeur geven aan een avontuurlijke vakantie is er de mogelijkheid om te gaan parachutespringen bij het Paracentrum Texel, vliegveld Texel, telefoon: 02225-464/436.

Als het weer wat tegenzit
Als het weer wat tegen zit hoeft u zich op Texel beslist niet te vervelen. Hieronder volgen wat suggesties voor regenachtige dagen. In feite is dit natuurlijk onzin, ook bij goed weer zijn de nu volgende musea en dergelijke beslist de moeite van een bezoek waard.

In het *Natuurrecreatiecentrum,* even ten zuiden van het dorpje De Koog, wordt u door middel van een tentoonstelling uitvoerig geïnformeerd over de gevaren die het milieu bedreigen. Het complex van het NRC vindt u in de duinen, ongeveer ter hoogte van paal 17, niet zo ver van de plaatsen De Koog en Den Burg.
De talloze mogelijkheden om (binnen)sport te beoefenen noemden we al in de vorige paragraaf.
Een ***openbare bibliotheek*** vindt u in Den Burg (Drijverstraat 7). In dezelfde plaats vindt u een ***bioscoop.*** Het City-theater is gevestigd aan de Gravenstraat.
Den Burg biedt nog meer. In een in 1559 gebouwde woning in de Kogerstraat (no. 1) is de *Oudheidskamer* gevestigd. U kunt er kleding, prenten, meubelen en andere gebruiksvoorwerpen vinden uit vroeger tijd. Geen spectaculair museum, maar wel leuk.

Het ***Wagenmuseum*** in het dorpje De Waal (Hogereind) heeft een collectie antieke rijtuigen, arresleden, boerengereedschap, enzovoort. In een diaserie wordt de betekenis van het paard toegelicht. Een informatief en leuk museum.
In Den Hoorn vindt u het *Scheepvaartmuseum* (Achter Diek 11). U krijgt in dit museum veel informatie over de eeuwenoude relatie van Texel met de zeevaart. Voor de doorlopende diaserie moet u beslist voldoende tijd uittrekken.
Leuk is ook het *Maritiem Museum.* U vindt dit museum naast de molen in Oudeschild. Een bonte verzameling van in de loop van vele jaren op Texel aangespoelde voorwerpen vindt u hier samen gebracht. Een diaserie vertelt u het een en ander over het histo-

risch onderzoek naar scheepswrakken. In het Maritiem Museum kunt u zich ook verder informeren over de opstand van de Georgiërs (april 1945).
U ziet het, ook als het weer eens wat minder is behoeft u zich op Texel niet te vervelen.

Voor uw kinderen is een bezoek aan de bij Den Hoorn (Rommelpot 11) gevestigde *kinderboerderij* zeker een attractie.
Kunst kijken kan op Texel ook. In De Koog vindt u bijvoorbeeld enkele *galeries,* o.a. voor gebrandschilderd glas (Kaapstraat). In Zuid-Eierland vindt u op het adres Postweg 72 de galerie 'De Scholerie' (schilderijen, aquarellen en keramiek). In De Koog kunt u ook een bezoek brengen aan Potterie Versteegh (Nikadel 16).
Ook de kerken zijn actief voor de toeristen. De meeste activiteiten vinden plaats in De Schuilhut aan de Parnassiastraat in De Koog. Voor nadere informatie over de dia- en filmavonden, de bibliotheek, rondleidingen, concerten en andere activiteiten kunt u zich wenden tot de Schuilhut. Ook in de bijlage bij de Texeltoerist vindt u de nodige informatie.

Nog wat wetenswaardige zaken
De VVV op Texel is zeer actief. Het is verstandig om al in het begin van uw vakantie eens langs te gaan bij een van de kantoren. U kunt bij deze kantoren alle mogelijke informatie krijgen, kaarten en boekjes kopen, horen wat er in uw vakantieperiode op Texel allemaal wordt georganiseerd.
U vindt VVV-kantoren op de volgende plaatsen:
- Den Burg, Groeneplaats 9, tel. 02220-4741
- Den Hoorn, Mokweg, tel. 02226-273
- De Cocksdorp, Kikkertstraat 2, tel. 02222-233
- De Koog, Dorpsstraat 35, tel. 02228-541

Bij de VVV kunt u ook een campingfolder krijgen. Deze folder geeft informatie over campings, accommodatie en prijzen.

Enkele belangrijke adressen en telefoonnummers
Op Texel functioneert een aantal *alarmnummers.* Als u bijvoorbeeld een ambulance wilt oproepen moet u 2011 bellen. Het alarmnummer voor de politie is 2644, voor de brandweer 2066.

De *huisartsen* op Texel werken nauw samen. Zoals in veel plaatsen in ons land, functioneert ook op Texel een systeem van nacht- en weekenddienst. Als u 's nachts of in het weekend een arts belt, vertelt het antwoordapparaat u bij wie u terecht kunt.
Hier volgen de adressen van de Texelse artsen:
Den Burg
1. R. Continho, Schilderend 40 (02220-2023);
2. K. Eissen, Julianastraat 9 (02220-2039);
3. A.C.P.J. Waverijn, Kogerstraat 87 (02220-2016).

wees wijs met de waddenzee

HET WADDENHUIS HARLINGEN

Oosterend
4. L. Barnard, Kotterstraat 24 (02223-234)

De Cocksdorp
5. R.R. Siebinga, Kikkertstraat 12 (02222-234).

Sommige artsen zijn apotheekhoudend (no. 1, 4 en 5). In Den Burg vindt u een zelfstandige apotheek (Weverstraat 95).
Ook de vier *tandartsen* werken nauw samen. Als u een tandarts nodig hebt, moet u contact opnemen met het Medisch Centrum, Witte Kruislaan 19 in Den Burg (tel: 02220-3241).

In bijna alle dorpen vindt u een *postkantoor:*
Den Burg - Parkstraat 9;
De Koog - Brink 16;
Oudeschild - De Ruyterstraat 86;
Den Hoorn - Herenstraat 15;
Oosterend - Kerkplein 3;
De Cocksdorp - Kikkertstraat 24.

VLIELAND

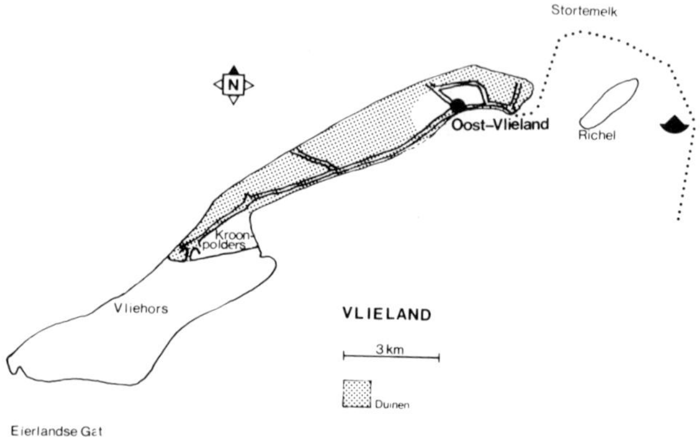

Het eilandschap

Vlieland is een van de kleinste Waddeneilanden. Alleen Schiermonnikoog is kleiner. Twaalf kilometer lang, als u de Vliehors tenminste niet meetelt. Deze zandplaat is 8 km lang. In totaal dus zo'n 21 km. Een lang, wat smal eiland. Ter hoogte van het dorp zo'n anderhalve kilometer breed. Als u zou willen, zou u het eiland in één dag rond kunnen lopen.
Vlieland heeft ongeveer 1 050 inwoners. De meeste hiervan wonen in het mooie dorpje Oost-Vlieland. Vroeger is er ook nog een dorpje West-Vlieland geweest. Het is verdwenen. Een van de prijzen, die de mens aan de zee moest betalen voor zijn aanwezigheid op het eiland.
De oorzaak? Van de Noordzeekust worden Vlieland en de andere Waddeneilanden bedreigd door een vrij sterke stroming. Deze stroming voert veel zand weg van de westelijke punt van het eiland. Aan de oostelijke punt zorgt deze zelfde stroming voor de

aanvoer van nieuw zand. De eilanden en ook Vlieland dreigen dus in het westen af te brokkelen en in het oosten weer aan te groeien. We moeten oppassen, anders 'wandelen' de Waddeneilanden langzaam weg in de richting van Duitsland! Maar dat gevaar is inmiddels geweken, want door de aanleg van strandhoofden door Rijkswaterstaat liggen de eilanden nu min of meer 'vast'. Deze maatregel kwam voor het dorpje West-Vlieland echter te laat: omstreeks 1740 verdween dit dorp in de golven.
In 1960 bezochten 35 000 toeristen Vlieland en tien jaar later waren het er al 60 000, om in 1983 op te lopen tot ongeveer 70 000. Niet schrikken, ze komen beslist niet allemaal tegelijk, en behalve in de Dorpsstraat merkt u er weinig van als het druk is.
Als u op het eiland aankomt en u hebt bijvoorbeeld uw kampeeruitrusting bij u, dan kunt u de bus nemen. Er staan altijd bussen te wachten als de boot aankomt. De bus rijdt langs het kampeerterrein, het Strandhotel en door de bossen ten noorden van Oost-Vlieland. U komt weer terug bij het dorp en daarna rijdt de bus de lange Postweg af. Onderweg wordt er onder andere gestopt bij het kampeerpaspoortterrein 'Lange Paal'. Het eindpunt is het Posthuis, een restaurant en vakantieoord in het westelijk gedeelte van het eiland. Dit Posthuis is ook een geschikt vertrekpunt voor wandelingen.
Niet alleen na de aankomst van de boot rijdt de bus. Ook enkele andere keren per dag kunt u met de bus van het dorp naar het Posthuis en terug. Een dienstregeling kunt u vragen bij de Fram (De Friese Autobus Maatschappij), op het hoofdkantoor in Heerenveen en op Vlieland bij het plaatselijk kantoor (W. de Vlaminghweg 19, telefoon: 05621-210).
Als u de bus liever niet neemt, bijvoorbeeld omdat u te veel bagage bij u hebt, dan kunt u ook een taxi of paard en wagen nemen voor de tocht naar uw vakantieoord (voor paard en wagen: Bagagevervoer H. Smit, Nieuwestraat 9, telefoon: 05621-263 en W. de Boer, Kerkplein 9, telefoon: 05621-254).

De bossen

De bossen op Vlieland zijn van deze eeuw. Niet zo oud dus, maar oud genoeg om al flink uitgegroeide bomen te bevatten. Staatsbosbeheer begon omstreeks 1900 met de bebossing van het eiland. Niet zozeer om timmerhout te krijgen, maar om met behulp van deze bossen het zand van de duinen vast te houden. De eerste proef werd een succes en nu bezit Vlieland in totaal zo'n 300 ha bos.
Het grootste bos vindt u rond het dorp. Daarnaast treft u in het westelijk gedeelte van het eiland nog enkele stukken bos aan. Vooral het bos bij de Nieuwe Eendenkooi is bijzonder mooi. Maar ook de andere bossen zijn de moeite waard. De combinatie van loof- en naaldbomen geeft een zeer afwisselend beeld.
In de Vlielandse bossen en door de aangrenzende duingebieden

zijn vier wandelingen uitgezet. Zeer aantrekkelijke wandelingen, die een uur à anderhalf uur duren en die zijn aangegeven door rode, witte en blauwe paaltjes.
De meest westelijke wandeling loopt door Bomenland, het oudste bos. Een wandeling door het middelste gedeelte van het eiland begint bij het kampeerterrein 'Lange Paal'.
In het bos ten noorden van het dorp zijn twee wandelingen uitgezet. Van deze wandelingen is de zogenaamde *Bokkendal-wandeling* misschien de leukste. U begint deze wandeling met de beklimming van het Vuurboetsduin, dat ongeveer 40 meter hoog is. Als u naast de vuurtoren staat hebt u een prachtig uitzicht op het eiland. Dit is niet de enige verrassing op uw tocht. U moet eens letten op de mooie denne- en berkebomen. Op de berkebomen zitten soms heksenbezems, bolvormige 'versieringen' aan de bomen. De berkeboom is er echter niet zo blij mee. De heksenbezems leven namelijk ten koste van de bomen, het zijn met andere woorden parasitair levende planten. Bijzonder mooi is ook de Torenvijver. De loofbomen, die meer water nodig hebben, staan vlak bij het water, de naaldbomen wat verder weg. Het water van deze vijver werd vroeger gebruikt om stukken turf nat te maken. Turf werd gestopt bij de wortels van de pas geplante nieuwe boompjes. Deze turf hield het water vast, dat anders in het zand snel weg zou lopen. Een andere interessante plek is het Bokkendal. U vindt dit diepe dal ten noorden van de Vuurboetsduin. In vroeger eeuwen, toen er op Vlieland nog geen bossen waren, brachten de Vlielanders bij stormachtig weer hun bokken en geiten in dit dal in veiligheid.

Geschiedenis
De banden tussen Vlieland en de zeevaart zijn eeuwenoud. Eigenlijk hadden de eilandbewoners weinig keus. Landbouw en veeteelt waren slechts in beperkte mate mogelijk en konden de bewoners van Vlieland niet voeden.
Het waren wel goede zeelui, die Vlielanders. Velen kwamen hogerop, werden stuurman of kapitein. In de zeventiende eeuw woonden er ruim 70 commandeurs en ook nog een aantal kapiteins van de koopvaardij op het eiland.
Wie of wat was eigenlijk een commandeur? In de zeventiende en achttiende eeuw namen veel Vlielanders deel aan de walvisvaart. Walvissen waren toen ook nog te vinden in de zeeën rond de Noordpool. Nu niet meer, de mens heeft er te veel gevangen, ze zijn uitgeroeid. De Vlielanders hadden wel aanleg voor dit vak. Velen brachten het tot kapitein. Een walvisvaartkapitein werd ook wel commandeur genoemd. Vandaar!
Op Vlieland, maar ook op de andere eilanden, is een aantal commandeurswoningen bewaard gebleven. Vooral op Ameland zijn deze huizen herkenbaar aan de dubbele rij uitstekende steentjes in de voorgevel. Meestal staat op deze gevel in de vorm van een

ankerdatering ook het bouwjaar van het huis aangegeven. De meeste commandeurshuizen zijn gebouwd tussen 1650 en 1750. De meeste zeelui kenden Vlieland vrij goed. Vlieland was eeuwenlang een verzamelpunt van koopvaardij en marine. Vooral in oorlogstijd ontstonden bij het eiland grote concentraties van schepen. De meeste zeelui sliepen aan boord. Voor de admiraals werd dit niet comfortabel genoeg gevonden, zij overnachtten op het eiland. Mannen als De Ruyter en Tromp liepen dan door de straten, vol bewondering aangegaapt door de jongens van het eiland. Daar begon menige jongensdroom. Zelf zeeman worden, net zo beroemd worden als Tromp en De Ruyter.
De woning in de Dorpsstraat waar Tromp en De Ruyter overnachtten, is nu ingericht als museum (Trompshuys).
Hoe vreemd het ook mag klinken, ook het Posthuis herinnert aan de jaren van toen. Wachtend op een gunstige wind, bleven de schepen soms vrij lang bij Vlieland liggen. De Amsterdamse kooplieden hadden vaak boodschappen voor hun schepen. Rond 1840 werd daarom een postdienst ingesteld van Amsterdam naar Vlieland. De negentiende-eeuwse postbodes hadden het niet gemakkelijk. Hun route liep van Amsterdam eerst naar Texel. Daarvandaan moest de post met een kleine boot vervoerd worden over het Eierlandse Gat naar Vlieland. Op de punt van het eiland nam een bevriende relatie van het Posthuis de Amsterdamse zending in ontvangst. Per paard werd de post dan eerst gebracht naar het Posthuis en vandaar naar de wachtende schepen.

De legende van koningin Wanda

We kennen over de Waddeneilanden een aantal legenden. Prachtige verhalen voor als het stormt of schemert. Het mooist komen ze tot hun recht bij de open haard of het kampvuur.
De legende van koningin Wanda gaat over het eiland Vlieland. Eens, heel lang geleden, zat Vlieland nog vast aan het vasteland. Zonder natte voeten te krijgen kon je lopen van de duinen naar de Friese terpen. Het was een goed land, maar voor de boeren wat te vochtig. De Hollandse graaf Willem II, volgens de Friezen een vervelende bemoeial, probeerde voortdurend de baas te spelen over dit goede land en de Friezen. Zo omstreeks 1230 schonk hij Vlieland en het daar achter gelegen gebied aan het bij Harlingen liggende klooster Ludinga. De Friezen vonden dit nogal overdreven. Wat had die Hollandse graaf hier nu eigenlijk te zoeken? De baas spelen, waarom bleef hij niet in Holland?
De monniken waren ijverige mensen. Enthousiast probeerden ze de grond te verbeteren. De grond was te vochtig. Kanalen werden gegraven om een betere afwatering te krijgen. Vlielanders en Friezen schudden hun hoofd. Dit was gevaarlijk. Via deze kanalen zou bij een storm het zeewater ver het land in kunnen dringen.

Vlieland - kerk met armenhuis

Dan duikt plotseling in het verhaal koningin Wanda op. We kennen haar niet, hoogstwaarschijnlijk heeft ze alleen maar geleefd in de verbeelding van de mensen, koningin Wanda, een slechte vrouw en een slechte moeder. Woedend over het spitten en graven van de monniken begint ze haar zoon op te stoken. Arme zoon! Worp, zo heette de booswicht, doodt de monnik die de leiding heeft van de graafwerkzaamheden.
Koningin Wanda wordt gearresteerd en als ze met het slachtoffer van haar boze plannen wordt geconfronteerd, herkent ze in de gedode monnik haar zoon. Ze vergist zich, maar is zo in de war en zo vol wroeging, dat ze zichzelf verdrinkt. Met Worp loopt het beter af. Hij wordt niet terechtgesteld, maar moet zijn verdere leven slijten als boeteling in een klooster.
Toch had koningin Wanda wel gelijk, het graven van de kanalen was gevaarlijk. De zee gebruikte deze kans, spoelde het land tussen Vlieland en Harlingen weg en zo werd Vlieland een eiland.

In - laten we zeggen - het Vlielandse volkslied, klinkt de liefde van de eilandbewoners voor hun kleine plekje Nederland:

'Daar speelden we ongestoord aan zee, in duinen en vallei
Daar was een blijde jeugd, van zorg en kommer vrij
Waar ook het lot ons henen voert, naar oost, west, zuid of noord
d'Herinnering aan de plek der jeugd

leefd' in ons hart steeds voort
Ver buiten 's werelds wild gewoel, ontvlucht door menigeen
Een speelbal slechts van wind en zee, ligt 't eenzaam oord daarheen
Toch minnen wij dat plekje grond, wat ook gebeuren moog
Zij 't anderen vaak tot spot of hoon, wij houden Vlieland hoog.'

Het dorp Oost-Vlieland

Het dorpje Oost-Vlieland is een van de mooiste dorpen van de Waddeneilanden. Niet groot, in feite één grote straat met wat zij-en achterafstraten. De belangrijkste straat van het eiland is de zeer fraaie Dorpsstraat. Veel oude geveltjes brengen daar de sfeer van het verleden terug. Het oude kanonnetje voor Het Trompshuys past goed bij deze sfeer en heeft weinig dreigends meer.

Nu zijn het niet alleen de herinneringen aan het verleden die de Dorpsstraat tot een bijzonder mooie straat maken. Het beeld van de straat wordt ook in belangrijke mate bepaald door de prachtige rijen bomen. Met name in het voorjaar en in de zomer een feestelijk gezicht, bovendien zorgen de bomen op een warme zomerdag voor de dan door wandelaars en fietsers gewaardeerde schaduw.

Vooral in het hoogseizoen kan het in de Dorpsstraat behoorlijk druk zijn. U vindt er de winkels, de restaurants en enkele hotels. Dit is de plaats van de herkenning, de straat waar u uw vakantievrienden van vorig jaar terugziet.

Als de drukte van de Dorpsstraat u wat teveel wordt, moet u eens gaan wandelen in de buurt van de Nederlands Hervormde kerk. Het pleintje voor de kerk, het kerkhof, het voormalig armenhuis: dit buurtje behoort ongetwijfeld tot de mooiste plekjes op Vlieland.

U moet ook niet verzuimen om eens een paar gloppen wat beter te bekijken. Deze smalle steegjes dwingen u meestal wel om achter elkaar te gaan lopen. Als u aan de waddenkant zo'n glop doorwandelt, kunt u een discrete blik werpen op de achterkant van de huisjes en de vaak met groente volgeplante tuintjes.

De Dorpsstraat begint bij de Veerdam en eindigt zo'n beetje bij het Vuurboetsduin. Daar gaat de Dorpsstraat over in de Postweg.

Vlieland in de stille maanden

Omdat veel mensen tegenwoordig meer dan een keer per jaar op vakantie gaan, is het toeristisch seizoen veel langer geworden dan vroeger. Vooral de periode rond Pasen en de herfstvakantie zijn populair voor een extra weekje 'Wadden'. Maar na de herfstvakantie breekt dan eindelijk een wat rustiger periode aan. De toeristen zijn weg, een deel komt met de kerstvakantie nog even terug, maar de meeste tijd zijn de Vlielanders nu weer onder elkaar.

Voor een deel staat de winterperiode in het teken van de voorbereidingen voor het nieuwe seizoen. Huisjes schoonmaken en verven, terrein schoonmaken en herstellen, de hele inventaris weer eens nalopen.
Maar ondanks het werk blijft er toch genoeg tijd over voor ontspanning. In de donkere maanden van het jaar wordt het verenigingsleven belangrijk. Een Vlielander kan kiezen, er zijn ongeveer dertig verenigingen op het eiland. Te veel om ze allemaal op te noemen. Daarom een keuze.
Belangrijk, ook voor het toeristisch seizoen, zijn natuurlijk de muziekverenigingen. In de winter wordt er stevig geoefend om 's zomers voor de gasten goed voor de dag te kunnen komen. Het ongeveer vijfentachtig jaar oude fanfarecorps verdient alleen al om zijn lange traditie onze waardering en belangstelling. Ook de jeugd is muzikaal actief. De Jeugddrumband met zijn majorettes is ook buiten het eiland een graag geziene gast.
Ook het volksdansen is op Vlieland populair. Het Piasterke brengt het oude folkloristische genre. Begeleid door twee speelmannen roepen de dansers en danseressen de 'goeie ouwe tijd' in de herinnering terug. Tjabôt Rackli werpt zich onder het motto, dat 'niemand de dans ontspringt' op het internationale repertoire. De beide gezelschappen kunnen in de zomer rekenen op grote belangstelling.
Dertig verenigingen, de mensen op Vlieland hoeven zich in de stille maanden niet te vervelen.

Tochtjes

Vanuit Oost-Vlieland kunt u alle kanten op. We vertelden u het al, de auto mag u niet meenemen. De weinige auto's die u tegen komt zijn van de eilandbewoners. U zult het dus zelf moeten doen. Lopen is niet alleen gezond, op Vlieland is het een zeer aantrekkelijke manier om het eiland te leren kennen. De afstanden zijn klein en al wandelend komt u op de mooiste plekjes.

Met de fiets gaat het ook heel goed. U kunt hem meenemen. U kunt ook een fiets huren, bijvoorbeeld bij de firma Van Heerde, Dorpsstraat 113 of bij de firma Kuipers, Dorpsstraat 8 (05621-789).

De excursies van Staatsbosbeheer zijn beslist de moeite waard. Tijdens het broedseizoen (half april tot half augustus) organiseert deze instelling excursies naar de broedterreinen in de Meeuwenduinen en de Kroonpolders. Kaarten kunt u kopen bij het kantoor van Staatsbosbeheer. U vindt dit kantoor achter de midgetgolfbaan. Meestal vinden deze excursies plaats op maandag t/m zaterdag; vertrek om 10.00 en 14.00 uur vanaf het Posthuis.

U moet beslist mee gaan kijken in de *Kroonpolders*. In het begin

van deze eeuw werden deze polders aangelegd met de bedoeling om de inwoners van Vlieland wat meer inkomsten te bezorgen. Het was toen nog armoede op het eiland. In de discussies kwam zelfs de gedachte naar voren om het eiland maar te ontruimen. Een succes werd de inpoldering niet. Het zoutgehalte in de bodem was en bleef hoog en daardoor was de grond weinig geschikt voor landbouw of veeteelt.
Nu zijn de Kroonpolders vooral belangrijk als natuurreservaat. In het voorjaar broeden er duizenden vogels. Ook de plantengroei in de polders is interessant. Omdat Staatsbosbeheer af en toe met opzet zout water binnenlaat om de grond drassig en dus voor de vogels aantrekkelijk te houden, vormen de Kroonpolders een landschap met brak water. Deze situatie zorgt voor een in Nederland nogal zeldzame en interessante plantengroei.

Ten slotte een heel ander soort tochtje: als u na de bootreis van Harlingen naar Vlieland de smaak te pakken hebt, kunt u opnieuw gaan varen. In juli en augustus kunt u drie maal in de week een boottocht maken naar Terschelling. In voor- en naseizoen is de frequentie lager, dan vaart deze boot maar één maal in de week. (Verdere inlichtingen bij de VVV.)

Sport

Sportieve mensen behoeven zich op Vlieland niet te vervelen. U kunt gaan *vissen* op de Wadden- en Noordzee. Hengels kunt u op het eiland huren.

U houdt niet van vissen? Geen probleem, er zijn nog andere mogelijkheden. U kunt *paardrijden* in de manege achter het Strandhotel. Een *bowlingbaan* vindt u in de Dorpsstraat, op nr. 81, in 'De Oude Stoep'. Ook *midgetgolf* kunt u gaan spelen. U vindt de baan niet zover van het VVV-kantoor en de Veerdam. Vanaf de Veerdam wandelt u in de richting van de haven. U komt de golfbaan dan tegen aan uw linkerhand.
De meeste gasten op Vlieland gaan *zwemmen* aan de noord- en oostkant van het eiland. Vanuit het dorp zo'n twintig minuten lopen of vijf minuten fietsen. Meer naar het westen toe wordt het steeds stiller. Het meest westelijke deel van het eiland, de Vliehors, is militair terrein en mag alleen in het weekend worden bezocht. Bewaakt strand vindt u bij het Strandhotel, aan het einde van de Badweg. Voor overdekt zwemmen kunt u terecht in het sportfondsenbad Flidunen aan de Kampweg.
Bij de VVV kunt u gratis een getijdentabel krijgen met wenken voor vissen en veilig zwemmen.
Surfen op het Wad en de Noordzee is vooral de laatste jaren een populaire bezigheid geworden. Vanaf het Noordzeestrand is het echter verboden te surfen i.v.m. de te sterke stroming daar.

Als het weer wat tegenzit
Als het weer eens tegenzit, hoeft u zich ook op Vlieland niet te vervelen. Misschien wacht u ook niet op wat minder goed weer, maar heeft u te midden van strand en bos gewoon eens zin om iets anders te doen. Dat kan ook op Vlieland, er zijn mogelijkheden genoeg.

In de Dorpsstraat bevindt zich het gloednieuwe ***Bezoekerscentrum Vlieland.*** Een groot en fascinerend zee-aquarium, verschillende dia-series, diorama's, fotopanelen en een speciale expositiezolder geven een goede indruk van Vlieland met haar natuurschoon en bevolking.

In de ***Openbare Bibliotheek*** aan de Dorpsstraat kunt u bijna iedere dag terecht. Om de hoek, even de trap op, vindt u het *Natuurhistorisch Museum*. Niet groot, maar een goede gelegenheid om kennis te maken met de vogels van Vlieland, waarvan er vele opgezette exemplaren staan.

Ook de *Nederlands Hervormde Kerk* is de moeite waard. Een fraai gelegen kerk, gebouwd in 1647. Meestal moet u voor een bezichtiging een afspraak maken.
Afhankelijk van uw belangstelling kunt u ook kortere of langere tijd doorbrengen in het *Trompshuys*. U vindt in dit oude pand

naast de antieke inrichting, een verzameling voorwerpen die betrekking hebben op de geschiedenis van Vlieland en de schilderijen-collectie Betzy Akersloot-Berg.
In en rond de *Bolder*, een en ander natuurlijk sterk afhankelijk van het weer, worden in het toeristisch seizoen culturele activiteiten georganiseerd. Muziek, toneel, volksdansen en pantomime staan op het ieder jaar weer bijgestelde programma.

Ook 's avonds zijn er mogelijkheden. De ***bridge-club*** organiseert iedere week een bridge-drive. Via affiches wordt bekend gemaakt waar en wanneer er wordt gespeeld.
Als u zich alleen maar lekker lui wilt ontspannen, kunt u ook een bezoek brengen aan *Bruin's bioscoop* aan de Middenweg. Welke film er wordt vertoond en wanneer er een voorstelling is, kunt u weer lezen op de affiches.
U ziet het, mogelijkheden genoeg. En als u op zoek bent naar nieuwe ideeën, informeer dan maar eens bij de actieve VVV.

Nog wat wetenswaardige zaken
U kunt op Vlieland goed kamperen. Dit kan op twee plaatsen. Het grootste kampeerterrein is Stortemelk. Ongeveer vijftien minuten lopen van het dorp, vlak bij het Noordzeestrand. Dit kampeerterrein heeft goede voorzieningen: een kampwinkel, toiletgebouwen, wasgelegenheden, en recreatiegebouw, enzovoort (tel. 05621-225).
Als u op het kampeerterrein de Lange Paal wilt kamperen, moet u in het bezit zijn van een kampeerbewijs. Dit terrein, dat eigendom is van Staatsbosbeheer, is rustiger, maar heeft slechts eenvoudige voorzieningen. (Informatie bij Staatsbosbeheer, (tel. 05621-304.)
Reserveren is voor beide kampeerterreinen noodzakelijk.

Als u buiten het seizoen Vlieland wilt bezoeken, kunt u gebruik maken van de speciale hotel/pension-arrangementen. U boekt via de VVV voor een 3-, 5- of 8-daags arrangement tegen een aantrekkelijke prijs.
VVV Vlieland, Postbus 1, 8899 ZN Vlieland, tel.: 05621-357.
Bij dit arrangement krijgt u bovendien: korting op uw bootreis, het zwembad, de musea, de midgetgolfbaan, de bowlingbaan en de bioscoop.
Uw bagage wordt gratis bezorgd bij uw vakantie-adres.

Het huren van een huisje op Vlieland wordt u niet alleen gemakkelijk gemaakt door het uitstekende overzicht, dat de VVV jaarlijks publiceert. U weet ook waaraan u toe bent door de classificatie die van de particuliere vakantieverblijven is opgesteld. De indeling loopt van klasse I (eenvoudig) tot klasse V (zeer luxe).

Belangrijke telefoonnummers:
Brand - 0011
Ongeval - 307
Politie - 312
Taxi - 222
Bus - 210

TERSCHELLING

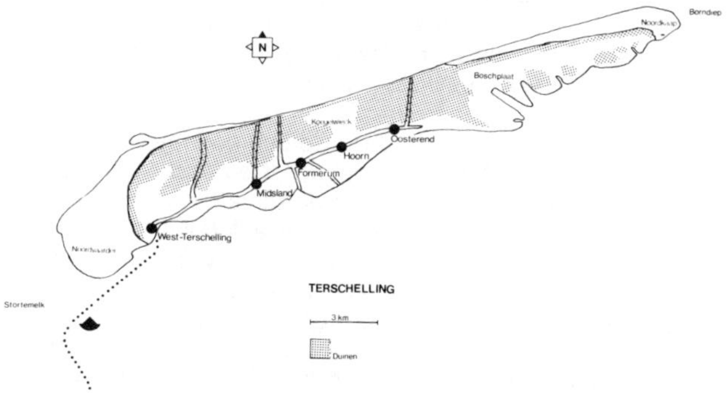

Het eilandschap

Terschelling is op Texel na het grootste Waddeneiland. Het is zo'n dertig kilometer lang, de breedte bedraagt nergens meer dan enkele kilometers. De twee uiteinden, Noordvaarder en Boschplaat, zijn prachtige natuurgebieden, de twee grootste van het eiland. Langs de hele noordkant van Terschelling loopt een breed zandstrand. Komen we zuidelijker, dan vinden we achtereenvolgens duinen, bossen, polders (waardoorheen de grote weg van West-Terschelling naar Oosterend loopt), de dijk en het wad.
Terschelling heeft ongeveer 4600 inwoners. De beroepsbevolking is voor het grootste deel werkzaam bij de overheid en in de toeristensector. Het aantal mensen dat zijn bestaan vindt in de landbouw, visserij of veeteelt is gering.
Er zijn enkele kleuterscholen, lagere scholen, een MAVO en een

LHNO. Bovendien is in West-Terschelling de Hogere Zeevaartschool 'Willem Barentsz' gevestigd.

Vanuit West-Terschelling, waar u met de boot aankomt, kunt u lopend, met de auto, de (eventueel gehuurde) fiets of met de bus naar uw vakantieadres.
Iets over de twee laatste mogelijkheden. U kunt uw fiets meenemen naar Terschelling, maar het is ook heel goed mogelijk ter plaatse fietsen te huren. Dit kan in ieder dorp. Ook vlak bij de haven zijn verschillende verhuurbedrijven van fietsen en tandems.

Fietsen is op Terschelling een aangename bezigheid. Het eiland leent zich wat betreft zijn afmetingen bijzonder voor fietstochten en -tochtjes. De wegen zijn over het algemeen beschut. Dit maakt het fietsen nog plezieriger. Bovendien is het net van verharde en halfverharde fietspaden bijzonder groot. Brommers mogen van deze paden trouwens geen gebruik maken, zodat u niet gestoord wordt door stadsgeluiden. De fietspaden gaan voor een groot deel door duin- of bosgebied, waar u met de auto niet zou kunnen komen. Het is niet voor niets dat veel mensen zich op Terschelling het liefst per fiets verplaatsen.

Nu iets over de busdiensten. Deze worden door de Friese Autobus Maatschappij (FRAM) onderhouden. De bussen rijden tussen West-Terschelling en Oosterend. In de zomermaanden rijdt er niet alleen een lijn over de grote weg, maar loopt er ook een route van West-Terschelling naar Oosterend via West aan Zee en Midsland aan Zee. De bussen rijden regelmatig, maar stoppen al vroeg in de avond. Informeer u daarom van tevoren bij de chauffeur wanneer de laatste bus teruggaat. Dit voorkomt heel wat moeilijkheden. Kunt u met de bus niet meer terug, belt u dan maar: Taxicentrale Terschelling, tel. 8777.

Beschermde planten
Als u op Terschelling bent zal de grote verscheidenheid van bloemen en planten u vast opvallen. Het is niet de bedoeling dat u grote bossen bloemen zult plukken, hoewel de verleiding groot is. Van sommige planten is het zelfs strafbaar de bloemen te plukken, de planten uit te steken of bij u te hebben. Verschillende van deze planten komen op Terschelling nog vrij algemeen voor. In de rest van het land leiden ze echter een kwijnend bestaan.
Bij de VVV is een poster verkrijgbaar waar alle in het wild voorkomende planten op staan, die op Terschelling beschermd zijn. Deze plaat geeft u een goede mogelijkheid eens nader kennis te maken met deze planten.
Bijvoorbeeld met de *wilde hyacint*. Een plantje dat hoogstens 50 cm hoog wordt, met een trosje blauwe, witte of roze bloempjes. U kunt ze in april en mei zien bloeien in de loofbossen.

In de duinen komt u nog vrij vaak de *zeedistel* tegen. Deze stekelige plant heeft vaak een blauwachtige gloed. De bloeitijd is van juni tot augustus. De zeedistel komt langs de hele Westeuropese kust en in het Middellandse Zeegebied voor. In Nederland is deze decoratieve plant vrij zeldzaam.
In de duinen kunt u ook nog andere beschermde planten vinden, zoals *lamsoor* en *Engels gras*. Deze beide soorten komen ook op de zeedijk en op andere zilte plaatsen voor. Terschelling geeft goede groei- en bloei- mogelijkheden aan planten. Ook op plaatsen waar u het niet zou verwachten. Zeedistel, lamsoor en Engels gras zijn typisch planten die zich aangepast hebben aan moeilijke levensomstandigheden. Als ze met rust gelaten worden kunnen ook zij tot bloei komen.

De bossen
De bossen op Terschelling zijn pas aan het begin van onze eeuw aangeplant. In 1910 verkeeg Staatsbosbeheer het beheer over het hele Terschellinger duingebied. Voordien waren de duinen eigendom van de gemeenten. In 1911 begon Staatsbosbeheer de duinen te beplanten. De bedoeling was door bebossing de verstuiving van de duinen tegen te gaan.
De Terschellinger boeren hadden veel last van de overstuiving van hun landerijen met het fijne duinzand. Toch was niet iedereen tevreden met de beplanting. Men vreesde een verandering van

de grondwaterstand. En ook het verdwijnen van de prachtige vergezichten over de Noordzee verontrustte velen.
Toch zette Staatsbosbeheer door. Men begon de aanplant bij West-Terschelling. Hier werden verschillende soorten dennen geplant. Vooral de Oostenrijkse den werd veel gebruikt. Verder de Corsicaanse den, de bergden en de zeeden. Deze naaldbomen waren geschikt voor de schrale grond en konden bovendien goed tegen de zilte zeewind.
De laatste jaren gaat Staatsbosbeheer er hoe langer hoe meer toe over de naaldbossen te vervangen door loofbossen, bestaande uit eiken en berken. De eentonigheid van de bossen is sindsdien doorbroken, waardoor de aantrekkelijkheid is toegenomen. De bossen bieden niet alleen de fietser en de wandelaar beschutting, ook de vogelwereld voelt zich hier thuis. De afwisseling van loof- en naaldbos trekt vele vogelsoorten aan. Zo broeden nu o.a. koolmeesjes, pimpelmeesjes en vinken in de bossen. Het aantal zangvogels is verrassend groot. In het Natuurhistorisch museum is een overzicht gegeven van de vogels die op Terschelling voorkomen. Deze vogelverzameling is echt het bekijken waard.

De bossen beslaan op Terschelling ruim 600 ha. Staatsbosbeheer heeft hierin 7 verschillende *wandelroutes* uitgezet. Deze routes zijn gemarkeerd door paaltjes met gekleurde koppen. De lengte van de wandelingen varieert van 4 tot 6 kilometer. De afstand is bij het startpunt van de route aangegeven. De wandelingen zijn rondlopend, ze komen altijd weer bij het beginpunt uit.
Een hele leuke wandeling begint in het Formerumbos. In de 'Hoekjes' staan erg veel boomsoorten. Staatsbosbeheer heeft hier in vroeger jaren proefveldjes aangelegd, om te kijken welke boomsoorten het geschiktst waren voor Terschelling. Deze voormalige proefbeplantingen zijn ook nu nog het aanzien waard.

De Terschellinger polder
Tussen de bossen en de zeedijk ligt de Terschellinger polder, een smalle strook land waar een uniek oud cultuurlandschap te vinden is. De polder bestaat in feite uit een zandplaat. Hierover lopen twee strandwallen, evenwijdig met de duinen. Op de noordelijke strandwal liggen de dorpen Hee, Baaiduinen, Midsland, Landerum, Lies, Hoorn en Oosterend. De doorgaande weg van Terschelling loopt over deze wal. Op de zuidelijke strandwal zijn Kaart, Kinnum en Stryp gebouwd.
Op de strandwal en langs de duinvoet is een heggenlandschap ontstaan. Hierdoor heeft de noordzijde van de polder een intiem, kleinschalig karakter gekregen, in tegenstelling tot de polder tussen weg en dijk. Dit deel van de polder bestaat voornamelijk uit grote weiden, waar in het voorjaar verschillende weidevogels te

Terschelling- boerderij de Pidde en de polder bij Formerum

Wad en wandelen op Ameland

bewonderen zijn. Zoals de grutto, de kievit, de kemphaan en de tureluur. Het heggenlandschap (dus de noordkant van de polder) is voornamelijk opgebouwd uit heggen van zwarte elsen. De ondergrond is begroeid met stekelvaren. Bovendien ontwikkelde zich een rijke kruidenvegetatie. Karakteristiek zijn ook de hakhoutbosjes binnen het landschap. Al met al is de polder een unieke verblijfplaats voor verschillende vogelsoorten.
De Terschellinger polder is zo bijzonder door het naast elkaar bestaan van twee contrasterende landschapstypen: de open polder en het besloten heggenlandschap. Bijzonder is ook dat de heggen niet alleen op de strandwal zijn geplant, maar ook in de lagere delen van de polder. Dit vindt men vrijwel nergens in Nederland.
De heggen hadden een duidelijke functie: bescherming van gewassen en vee tegen de zeewind. Bovendien voorzagen ze de boeren van hakhout.
Tegenwoordig liggen in de kleine, met heggen omzoomde weitjes vaak recreatieterreinen. Kampeerterreinen zijn vaak op voormalige boerderijen en omringende weilandjes gevestigd. De omzoming met heggen zorgt voor een plezierig, besloten geheel, waardoor het landschap niet wordt aangetast. De tenten, caravans en zelfs de zomerhuisjes gaan grotendeels schuil achter de oude beplanting.
Zolang er niet te veel bijgebouwd wordt, en als de heggen beschermd worden (dus niet kappen om grotere percelen te scheppen, niet teveel water aan de bodem onttrekken zodat de zwarte els verdrongen wordt door andere bomen), zal dit heggenlandschap de landschappelijke schoonheid van Terschelling mede bepalen. Het zal Terschelling zijn eigen karakter blijven geven.

Geschiedenis

De geschiedenis van Terschelling is altijd verbonden geweest met de zee. Dit spreekt bijna vanzelf voor een klein eiland. Waar landbouw en veeteelt niet in de voedselbehoefte konden voorzien, moest men zich wel op de visvangst richten om in het levensonderhoud te kunnen voorzien. Ook op de grote vaart waren altijd mannen uit Terschelling werkzaam.
De relatie met de zeevaart vindt u terug in gebouwen en monumenten. Zo domineert de vuurtoren de Brandaris het hele eiland. De Brandaris is al eeuwen oud en nog steeds een belangrijk baken. Op het ogenblik wordt de toren gerestaureerd. Na de voltooiing van de restauratie zal de Brandaris de modernste vuurtoren in West-Europa zijn.
Naast de Brandaris kunt u de oude begraafplaats op West vinden. Op dit kleine kerkhof staan verschillende zerken met afbeeldingen van schepen. De oudste steen dateert uit 1841 en laat een kofschip zien. Verder zijn er nog enkele stenen met afbeel-

dingen van scheepsrampen en reddingspogingen. Helaas is de gewoonte dit soort uit het leven gegrepen afbeeldingen te maken in het begin van onze eeuw verdwenen. De opkomst van stoom- en motorschepen zal hier wel debet aan geweest zijn. Zeilschepen spraken immers veel meer tot de verbeelding.
Verlaat u de begraafplaats en loopt u richting haven, dan komt u bij de Commandeurstraat. Volgens de verhalen die op Terschelling de ronde doen, zou een commandeur of schipper het recht gehad hebben een woning te laten bouwen met een dubbele, versierde fries (een fries bestaat uit ingemetselde steentjes in de voorgevel). Een stuurman daarentegen zou slechts een eenvoudige enkele fries mogen laten metselen. Deze theorie is echter nooit bewezen.
In de Commandeurstraat 30 en 32 is het Cultuurhistorisch museum ''t Behouden Huys' gevestigd. Dit museum is heel toepasselijk vernoemd naar het behouden huis op Nova Zembla, waar Willem Barentsz in de winter van 1596 op 1597 overwinterde.
Willem Barentsz was afkomstig van Terschelling. Hij was zeeman en cartograaf (ontwerper van kaarten). Hij werd beroemd door zijn pogingen via de Noordpool een zeeroute naar Indië te vinden. Op de eerste reis werd Nova Zembla ontdekt (1594). De tweede expeditie (1595) leverde geen resultaat op. Het was op de derde reis dat Bereneiland en Spitsbergen ontdekt werden.
Hierna begonnen de moeilijkheden. Het schip waarop Willem Barentsz voer raakte bekneld in het ijs. De mannen konden niet meer weg, totdat in het voorjaar het ijs zou breken. Ze besloten een hut te bouwen uit delen van de boot. Dit onderkomen noemden zij 't Behouden Huys.
De overwintering was afschuwelijk. Er was gebrek aan voedsel en brandstof. Toen de overlevenden in het vroege voorjaar van 1597 in open boten probeerden de bewoonde wereld te bereiken, stierf Willem Barentsz. De anderen overleefden deze beproeving.

Terschelling was in vroeger tijden, toen Nederland de zeeën beheerste en veel goederen uit Nederlands Oost-Indië kwamen, een belangrijke vestiging van de Verenigde Oostindische Compagnie. Dit verhoogde de welvaart op het eiland, maar had ook zijn negatieve kanten.
De Nederlandse oorlogsvloot kon Terschelling niet altijd even goed beschermen. Zo landden in 1666 (ten tijde van de tweede Engelse oorlog) elf compagnieën onder leiding van Sir Holmes bij West-Terschelling. Deze plaats stond toen op het hoogtepunt van haar bloei.
De Engelsen brandden het hele dorp plat, met uitzondering van de kerk, het raadhuis en de Brandaris. Een in de Brandaris ingemetselde steen herinnert nog aan dit rampjaar.
Toen West-Terschelling was afgebrand, gaf de Engelse aan-

voerder bevel ook het Oosterkwartier te plunderen. Op weg hiernaartoe kwamen de soldaten voorbij het Striper Kerkhof (vlak bij Midsland). De aanblik van de opgerichte stenen maakte de Engelsen echter wat huiverig. Zodra ze een oud vrouwtje tegenkwamen vroegen ze haar dan ook wat deze stenen te betekenen hadden. Het antwoord: 'Daar staan er bij honderden, maar er liggen bij duizenden' bracht de Engelsen in paniek. Zij dachten dat het vrouwtje zinspeelde op een overmacht van Terschellingers, die in een hinderlaag wachtten. Zij vluchtten halsoverkop. Hierdoor werd de rest van het eiland van plundering en brandschatting gered. Dit verhaal wordt nu nog - in vele variaties - met smaak op Terschelling verteld.

Taal en verhalen

Terschelling vormde vroeger meer dan nu een geïsoleerde gemeenschap. Radio en TV deden hun intrede. De verbinding met de wal verbeterde. En in zomer- voorjaars- en najaarsvakanties trekken stromen toeristen naar Terschelling. Dit alles heeft ertoe geleid dat het volksleven meer en meer zijn specifieke karakter verloor.

Het eerste wat verdween was de taal, of het dialect als u het liever zo noemt. Op Terschelling werden drie dialecten gesproken, twee Fries en één Oudhollands. Het Westers, een Fries dialect, werd op West-Terschelling gesproken. Het Aesters, ook Fries, op Oost-Terschelling. En ten slotte het Meslânzers, een Oudhollands dialect, dat op het midden van het eiland, zo rond Midsland, gesproken werd. Onder elkaar spreken sommige, vooral oudere Terschellingers deze dialecten nog wel. Maar jongeren zult u zo zelden horen praten.

Een algemeen volksvermaak is het *jutten*. Deze gewoonte is langs alle kusten in ere gebleven.

Vroeger, in de tijd van de houten schepen, spoelde er zoveel aan, dat de Terschellingers hele gebouwen van het wrakhout konden maken. Veel oude boerderijen zijn voor een deel uit dit aangespoelde hout opgetrokken. Ook de oude kerk van West-Terschelling bestaat voor een deel uit juttershout.

Jutters zijn niet alleen op wrakhout uit. Ze hebben belangstelling voor alles wat in hun ogen waarde heeft. Curieus is in dit verband het verhaal van de *cranberries*. De vinder van deze bessen heeft duidelijk niet beseft hoe waardevol zijn vondst was.

Volgens het verhaal spoelde in het midden van de vorige eeuw een vat aan op Terschelling. Dit vat werd gevonden door een zekere Pieter Sipkes Cupido. In de veronderstelling dat hij een grote hoeveelheid drank bemachtigd had, rolde hij het vat van het strand. Maar wie schetst zijn teleurstelling toen bleek dat het vat in plaats van de verwachte drank slechts bessen bevatte. Pieter Sipkes Cupido was zo teleurgesteld, dat hij het vat en de bessen

maar liet liggen en naar huis ging.
De bessen bleken goed aan te slaan op Terschelling. Ze vermeerderden en verspreidden zich gestaag. Deze *leppeltjesheide*, zoals ze op Terschelling genoemd wordt, is beter bekend als veenbes of cranberry. Tegenwoordig worden de cranberries in Formerum verwerkt tot jam, siroop, wijn, likeur en kruidenbitter.
De cranberry is niet alleen een aanwinst voor de Terschellinger flora, maar levert ook een aardige cent op aan de verbouwers en verwerkers. Als Pieter Sipkes Cupido dit voorzien had, was hij vast niet zo onverschillig met zijn vondst omgesprongen.

De *Lutine* mag dan wel niet aangespoeld zijn, stof voor verhalen geeft dit schip genoeg.
De Lutine was een Engels fregat, dat in de nacht van 9 op 10 oktober 1799 in de buurt van Terschelling strandde. Het schip verging. Alle opvarenden, zo'n driehonderd mensen, kwamen om. Het was een grote scheepsramp.
Maar wat ongetwijfeld nog meer stof tot verhalen heeft opgeleverd, was de enorme goud- en zilverschat die de Lutine aan boord had. Het schip was namelijk van Yarmouth op weg naar Hamburg, met een totale waarde van één miljoen Engelse ponden aan goud en zilver aan boord. Deze schat werd onbereikbaar omdat de Lutine in de zeebodem wegzakte. In de loop der tijd zijn talloze pogingen gedaan het wrak boven water te krijgen. Er zijn zelfs aandelen uitgegeven om deze pogingen te financieren. In het museum 't Behouden Huys is een aandeel te zien dat recht geeft op een twintigduizendste deel van de opbrengst. Veel hebben deze pogingen nog niet opgebracht. Tot nu toe is nog maar een tiende deel van de schat geborgen. Wel zijn verschillende delen van het wrak boven water gekomen. Zo zijn de kanonnen aan de Willem Barentszkade afkomstig van de Lutine.
Maar zolang het hele wrak, en vooral de schat nog niet geborgen is, blijft het lied van de Lutine toepasselijk:
'Daar lag nu 't schone schip,
Geslingerd door de baren,
Met goud en goed belaân
Is 't schone schip vergaan.'

De dorpen
Op Terschelling zijn maar enkele echte dorpen, n.l. West-Terschelling, Midsland, Formerum, Hoorn en Oosterend. De andere plaatsen zijn slechts gehuchten (bijvoorbeeld Kinnum) of nieuw opgezette recreatieplaatsen (bijvoorbeeld West aan Zee). De echte oude dorpjes hebben allemaal een kern, waarin winkels en horecabedrijven gevestigd zijn. Voor toeristen zijn dit de leukste plaatsen om inkopen te doen of om uit te gaan.

West-Terschelling - het wachthuisbankje bij het 'Wakend Oog'

De plaats waar iedereen aankomt is *West-Terschelling*, het grootste dorp van het eiland en bovendien de 'hoofdstad'. Hier zetelt het gemeentebestuur en ook Staatsbosbeheer is in West-Terschelling te vinden.
West-Terschelling is niet erg oud. De brand van 1666 verwoestte bijna het hele dorp. Alle huizen zijn na deze ramp gebouwd. Toch doet het dorp oud aan. Veel huizen hebben mooie trap- of klokgevels en de straten zijn smal.
Ook in het drukke toeristenseizoen ademt West-Terschelling een sfeer van voorbije tijden.
West-Terschelling is een leuk plaatsje. Voor de dagelijkse inkopen en ook voor souvenirs kunt u hier terecht. Ook het aanbod van eet- en drinkgelegenheden mag er zijn. Vanaf één van de vele terrasjes die in de zomer opgesteld zijn, is het leuk kijken naar de stroom mensen die op een zonnige dag voorbijtrekt.
Het is vooral de haven die op velen (meest kinderen) een sterke aantrekkingskracht uitoefent. Bij aankomst en afvaart van de boten naar het vasteland komen altijd veel mensen even kijken.
De echte oude Terschellingers zitten ook bij de haven, op de bank onder 'Het Wakend Oog'. Wat ze daar de hele dag doen? Misschien klopt de inscriptie in de steen van 'Het Wakend Oog' wel. Daar staat:

'Ik ben het wakend oog.
mijn blik blijft rustig staren:

gericht steeds over zee
let ik op de gevaren.
En al wordt onder mij
van ouds af veel gelogen.
Aan hulp of redding ook
vindt men zich niet bedrogen.'

De andere dorpen zijn een stuk kleiner dan West-Terschelling. Er zijn dan ook veel minder winkels. Dat ook een klein plaatsje bruisend van activiteit kan zijn bewijst *Midsland*. Hier contrasteert het uitgaansleven zich. Vooral jongeren gaan eerder uit in Midsland dan in West-Terschelling. Het aantal restaurants, café's en andere vermaakplaatsen is enorm.

De rust in *Formerum* contrasteert wel erg met de drukte in Midsland. Toch liggen de plaatsjes slechts op loopafstand van elkaar. In Formerum zijn bijna geen winkels en café's. Wel is er een bekend koffiehuis. Dit is ondergebracht in de enige molen die Terschelling rijk is.

Ook *Hoorn* is maar heel klein. Hier staat het oudste monument van Terschelling, een fraai gerestaureerde kerk. Ook de mooie oude boerderijen zijn het aanzien zeker waard.

Voorbij Hoorn ligt *Oosterend*. Heel klein en heel knus. Als u een dag over de Boschplaat gezworven hebt, kunt u hier onder het genot van een hapje of een drankje wat uitrusten in één van de aardige etablissementen.

Zo heeft ieder dorp zijn eigen charme. Het drukke West-Terschelling en Midsland, de kleinere en rustigere plaatsen Formerum, Hoorn en Oosterend.

Reservaten
We hebben het al eerder over natuurmonumenten op Terschelling gehad. Het is wat vreemd om op zo'n mooi eiland als Terschelling nog eens speciaal de aandacht te vragen voor natuurgebieden. Toch volgt voor de volledigheid hieronder een overzicht van de reservaten die door Staatsbosbeheer beheerd worden.
Dit zijn - van west naar oost - : de Noordvaarder, Kooibosjes, Landerumerheide, Koegelwieck en Boschplaat.

Noordvaarder. Bij dit reservaat behoren ook het Groene Strand en de Kroonpolders. De zandplaat de Noordvaarder was eens door een vaargeul van het eiland gescheiden, maar door dichtslibbing is de verbinding met Terschelling ontstaan.
Een groot deel van dit gebied bestaat uit strand en jonge duinen.

Meer landinwaarts liggen de vrij dichtbegroeide middenduinen. Nog verder van de zee af zijn de oude duinen, begroeid met heide.
Bijzonder zijn de planten die voorkomen op het Groene Strand. Een deel van dit gebied loopt bij hoogwater onder. De planten die hier groeien zijn zeekraal, zeeweegbree en zoutgrassen.
Het is jammer dat een deel van dit natuurgebied gebruikt wordt als militair oefenterrein. De oefeningen worden door de week gehouden. Het gebied is dan niet toegankelijk voor publiek. Let op de rode vlaggen. Zij geven aan dat het gevaarlijk is het terrein te betreden. Merkt u de vlaggen niet op, dan hoort u in ieder geval wel het lawaai van de vliegtuigen.

Kooibosjes. De Kooibosjes liggen aan het fietspad van Halfweg naar Midsland. Ze liggen aan de voet van hoge duinen, net in de polder. De Kooibosjes bestaan uit drassige hooilanden en houtbosjes. Er komen veel zangvogels voor.

Landerumerheide. De heidevegetatie hier is al heel oud. Om de heide te beschermen is het verstandig op de (vele!) wandelpaden te blijven. Het terrein ligt in de duinen, aan de weg van Midsland naar Midsland aan Zee.

Koegelwieck. Dit prachtige natuurgebied ligt in de duinen ten noorden van Lies en Hoorn.
Toen de wind het zand nog kon verstuiven, verplaatsten de duinen zich in zuidoostelijke richting. Ten slotte vormde zich zo het hoge Koegelwiecksduin. Toen de duinen beplant werden, was het afgelopen met het 'wegwandelen' van de duinen. Wat bleef was een bijzonder mooi duinlandschap.

Boschplaat. In 1970 verklaarde de Raad van Europa de Boschplaat tot Europees natuurreservaat. Deze status geeft aan dat ook buiten Nederland dit unieke natuurgebied op waarde geschat wordt. Het gebied bestaat uit *De Groede* (een zout weidegebied dat nog steeds bij de Terschellinger boeren in gebruik is), duinen, Noordzeestrand en een groot gebied met kwelders en slenken.
De zandplaat wordt niet meer door de Noordzee overspoeld. Wel loopt bij hoge tijen vanuit de Waddenzee nog een deel van het gebied onder.
Het grootste deel van de Boschplaat bestaat uit duinlandschap met heideachtige begroeiing, of uit kwelderlandschap. Door verschillen in hoogte, waterstand, zonligging en dergelijke komen er in werkelijkheid nog veel meer verschillen in vegetatie voor. Op de stuifdijk groeien helm en zeedistel. De beplanting heeft hier veel te lijden van betreding.
In de duinvalletjes komen orchideeën voor, zoals de gevlekte

orchis, de moeraswespenorchis en de welriekende nachtorchis. Denkt u er wel aan dat deze soorten beschermd zijn.
In al de natuurreservaten komen veel vogelsoorten voor. Met het oog hierop is de Boschplaat (het grootste broedgebied) een deel van het jaar voor publiek gesloten. Om precies te zijn van 15 maart tot 15 augustus.
Dit valt samen met de grootste stroom van toeristen naar Terschelling. Wij hopen dat u begrip hebt voor deze gang van zaken. Wilt u toch de Boschplaat bezoeken, dan kunt u vrij over het fietspad vlak langs het broedgebied fietsen. Bovendien organiseert Staatsbosbeheer van 1 juni tot 1 september rondleidingen door de meeuwenkolonie bij de Tweede Duintjes en door andere delen van de Boschplaat. Zo hebt u toch de mogelijkheid kennis te maken.
Ook in de natuurgebieden Koegelwieck en Noordvaarder worden excursies gehouden. Kaartjes kunt u reserveren bij de VVV in Midsland. Informeert u ook eens naar andere rondleidingen door Staatsbosbeheer.

Terschelling in de stille maanden
Het toeristisch seizoen is de laatste jaren niet meer beperkt tot de zomermaanden. Terschelling is dichtbij en makkelijk te bereiken. Redenen waarom ook de Paas- of pinkstervakantie en de herfstvakantie benut worden voor een lang weekend of een weekje Terschelling. Zelfs in de periode tussen kerst en oudjaar komen veel mensen op Terschelling voor een korte vakantie.
De tijden dat er geen toerist zijn worden benut met opruimen en schoonmaken van de huisjes, en met herstelwerkzaamheden op de recreatieterreinen. Kortom, werkzaamheden die te maken hebben met de toeristenstroom. Maar wat doen de Terschellingers nu als ze onder elkaar zijn en zich willen ontspannen?
Zoals in iedere afgesloten gemeenschap floreert ook op Terschelling het verenigingsleven. Ook in de donkere wintermaanden organiseren deze verenigingen allerlei activiteiten. Er zijn alleen al ruim 20 sportverenigingen, variërend van bridgeclub tot duikteam en schaatsclub. Verder zijn er zangverenigingen, toneelverenigingen, muziekverenigingen, enzovoort. Een lange rij. Te veel om op te noemen. Daarom hieronder een keuze.
Ook voor toeristen interessant is de vereniging Terschellinger volksdansen. Deze vereniging geeft ook in de zomer uitvoeringen. De toeristen krijgen zo een beeld van het voorbije leven op Terschelling. Liefhebbers worden uitgenodigd ook een dansje te wagen.
Verder is er de vereniging tot behoud van het Terschellinger lied. Als u belangstelling hebt voor deze liedjes: er zijn een aantal langspeelplaten in de handel met oude liedjes van Terschelling.
Met zoveel verenigingen kan een bewoner van Terschelling altijd wel iets ondernemen.

Terschelling - huifkartocht over de Boschplaat

Tochtjes
Er zijn verschillende mogelijkheden georganiseerd om tochten over Terschelling te maken.
Zo kunt u bij de Taxicentrale Terschelling (tel. 8777) terecht voor een *rondrit* over het eiland per *taxibusje*. De prijs is dan afhankelijk van het aantal personen dat meegaat en de duur van de rit.
De VVV geeft kaarten uit voor rondritten over Terschelling *per bus*. Vertrekpunt is het havenplein in West-Terschelling. De rit duurt ongeveer 3½ uur. Een onderbreking van 45 minuten is ingelast bij hotel Paal 8.
Een derde mogelijkheid is een *huifkartocht* over de Boschplaat. Er zijn twee tochten. Eén via het Hoornse bos en het Noordzeestrand naar de broedterreinen op de Boschplaat. De andere tocht gaat over de hele Boschplaat naar het Amelandergat (de meest oostelijke punt van Terschelling). Beide tochten beginnen in Hoorn. Reserveren bij: Douwe Spanjer, Hoorn 20, tel. 8837.

Wilt u wel naar het Noordzeestrand, maar wilt u niet zwemmen? Dan is er nog genoeg voor u te doen. Om te beginnen kunt u natuurlijk zonnebaden. Maar wilt u wat actievers, maak dan eens een strandwandeling. Er is strand genoeg.
Schelpen kunt u vooral vinden tussen Paal 1 en Paal 5, en ook tussen Paal 23 en Paal 29. Dus aan de uiteinden van het eiland. Hier kunt u bijvoorbeeld kokkels en nonnetjes vinden. Maar ook

strandgapers en mosselen. Bij teruglopend water maakt u de grootste kans hier wat leuks te vinden.
Bij Formerum aan Zee zijn de masten nog te zien van het vergane Russische schip de OKA 18.
Wilt u een kampvuur op het strand aanleggen? Vraagt u dan een vergunning aan bij Rijkswaterstaat en het gemeentebestuur.
Als u echt rustig aan het strand wilt zitten kunt u beter niet naar de bewaakte stranden gaan. Aan de andere delen van het Noordzeestrand zult u echter het rijk alleen hebben.

Als u na de oversteek van Harlingen naar Terschelling de smaak te pakken hebt, kunt u nog eens gaan varen. U kunt bijvoorbeeld een rondvaart maken over de Waddenzee of een dagexcursie naar Vlieland. De vaartijd van deze laatste overtocht bedraagt ongeveer 60 minuten. U kunt hierna enkele uren op Vlieland rondkijken, voordat de boot weer teruggaat. Inlichtingen bij de VVV in Midsland en West-Terschelling.

Sport
De sportieve mensen hoeven zich op Terschelling niet te vervelen. U kunt bijvoorbeeld gaan *tennissen*. De banen liggen in het bos bij West-Terschelling, in de Sportlaan. Geopend: iedere dag. Tel: 2409
Aan de Hoofdweg 6 ligt Bowling Bornholm: Het is wel verstandig hier een baan te reserveren.
Geopend: 11-01.00 uur, tel: 2266.

Het strand, zwemmen en surfen
Langs de hele noordkant van Terschelling loopt een breed zandstrand. Het strand is op sommige plaatsen zo'n 500 meter breed, dus groot genoeg om alle zonaanbidders van een rustig plaatsje te verzekeren.
In het badseizoen worden de drukste strandgedeelten, bij West aan Zee, Midsland aan Zee en Formerum bewaakt. Dit is bij Paal 8 en tussen Paal 9 en 13.
Er is een aantal dingen dat u op Terschelling beslist niet moet doen. Zo zijn er sterke stromen langs de punten van het eiland. Het is levensgevaarlijk hier te zwemmen. De Waddenzee, aan de zuidkant van Terschelling, is ongevaarlijker en daarom voor kinderen aan te bevelen.
Op de wateren rond Terschelling kunt u prima surfen. Voorzichtigheid is wel geboden met de krachtige getijdestromingen. De drie meest bezochte surfplaatsen zijn: bij West-Terschelling bij Dellewal, een stukje Waddenzee ter hoogte van Lies en een ander stukje ter hoogte van de dwarsdijk bij Oosterend.

Sportvissen
Terschelling is met Texel het enige Waddeneiland waar behalve

zeevis ook zoetwatervis gevangen kan worden. Hebt u een visvergunning, dan kunt u in het duinmeer vlak boven Hee uw kansen eens proberen. In dit meer is enkele jaren geleden karper, blankvoorn en zeelt uitgezet. Ook paling komt hier veel voor. 's Ochtends en 's avonds wordt hier door veel vakantiegangers gevist. Het is wel de bedoeling dat u uw vangst weer terugzet.
Bij vissen in zee moet u er wel aan denken dat bij goed weer het strand bij Midsland aan Zee en Formerum vol zit met zwemmers en baders. U kunt dan beter een eindje verderop gaan.
Bij opkomend tij worden de beste vangsten gemaakt. Tussen Paal 6 en 8 maakt u een aardige kans bot of paling te vangen. Bij Paal 18 en verder kunt u bijvoorbeeld bot vangen of een zeebaars. Houdt er verder rekening mee dat windstil weer niet bevorderlijk is voor een goede vangst. Bij een flinke zeewind zijn uw kansen beter.
De beste vangsten worden niet aan het strand gemaakt, maar verder op zee. Als u er een dagje op uit trekt met een boot, bent u bijna verzekerd van resultaat. Ook in de haven van Terschelling liggen sportvisserijschepen. Hier kunt u het beste van tevoren al een plaatsje bespreken.

Als het weer wat tegenzit
Als het weer echt tegenzit, kunt u eens in de dorpen kijken. West-Terschelling is bijvoorbeeld een orginele balken *sauna* rijk. Adres: Ruyterstraat 11, West-Terschelling, tel. 2729.
Voor de liefhebbers van knus wegduiken met een boekje volgen hier de adressen van de *bibliotheken*.
Torenstraat 15, West-Terschelling
Zuidmidslandweg 19, Midsland
Evangelisatiegebouw Hoorn.
Toeristen kunnen hier een zogenaamde tienboekenkaart kopen. Zo kunt u tegen gereduceerd tarief maximaal tien boeken lenen.

Enkele huizen voorbij de bibliotheek in West-Terschelling ligt het kerkplein met de *Nederlands Hervormde kerk*. Deze kerk stamt uit de vroege zeventiende eeuw. De in de loop der tijd aangebrachte veranderingen zullen niet iedereen tevreden stemmen. In de jaren zestig is gelukkig een architect aangetrokken die de ergste schade teniet wist te doen. Door gebrek aan financiën kon het oude kerkje echter niet meer in zijn oude luister hersteld worden. De buitenkant oogt modern.
In de kerk is nog wel wat van het oude karakter bewaard gebleven. Zo zijn de glas-in-loodramen in goede staat. Het tongewelf is gebouwd van juttershout, de plankdelen zijn ongelijk van grootte. Bezichtiging volgens afspraak. Zondagmorgen is de kerk open.

In de Commandeurstraat 30-32 kunt u het *gemeentemuseum 't Behouden Huys* vinden. Dit museum biedt een overzicht van de

Terschelling - reddingsbootoefening

Terschellinger cultuur. Allerlei gebruiks- en siervoorwerpen van het eiland zijn hier bij elkaar gebracht in twee zeventiende-eeuwse huisjes met mooie trapgevels. Geopend: werkdagen van 9.00-17.00 uur.

Het andere museum dat Terschelling rijk is, is het *Natuurhistorisch museum*. Dit heeft ook een zeeaquarium. Hier kunt u een goed beeld krijgen van de planten- en dierenwereld van Terschelling. Het eb- en vloedmodel dat u kunt bedienen geeft u een overzicht van de getijdestromen rond het eiland. De grote verscheidenheid van opgezette vogels doet u beseffen hoeveel soorten er wel op Terschelling voorkomen. En de silhouetten waaraan u uw kennis van vliegende vogels kunt toetsen, geven u én uw gezelschap een aardig tijdvermaak. Een heel leuk en leerzaam museum waarover vooral kinderen erg enthousiast kunnen raken.
Adres: Burg. Reedekerstraat 11, West-Terschelling.
Geopend: van 1 april-1 november op werkdagen van 9.00 tot 17.00 uur; zaterdag en zondag gesloten. Van 15 juni tot 15 september op zaterdag en zondag van 14.00-17.00 uur. In kerst- en krokusvakantie ook geopend van 14.00-17.00 uur.

Ziet u niet op tegen een flinke klim, bezoek dan eens de *Brandaris*. Van 1 mei tot 1 oktober is de toren te bezichtigen van 10.30

tot 11.30 uur. Ga wel op een heldere dag. De klim (206 treden) is dan de moeite waard. U hebt vanaf de top een fantastisch overzicht over het eiland.

Formerum biedt ook twee aardige bedrijven die voor bezichtiging opengesteld zijn. Om te beginnen de *biodynamische zuivelfabriek 'Schylge'*. Hier worden de Terschellinger boter en kaas gemaakt. In de fabriek is een informatiecentrum ingericht, waar u iets te weten kunt komen van biodynamische landbouwmethoden. Aan de hand van foto's en teksten kunt u zien hoe de boter en kaas bereid worden.
De toegang is vrij. Geopend van maandag tot en met vrijdag van 9.00 tot 12.00 uur en van 13.30 tot 17.00 uur. Adres: 48 Formerum. Telefoon: 8913.
Het *cranberry verwerkingsbedrijf* van de gebr. Bolt is gevestigd in Formerum 51. Telefoon: 8419.
Hier worden allerlei cranberry produkten vervaardigd, zoals likeuren en jam. Proeven is gratis!
De bezichtiging van het bedrijf is op werkdagen mogelijk van 15.00 tot 17.00 uur. Om 15.00 en om 16.00 uur wordt bovendien een film vertoont over de herkomst en de geschiedenis van de cranberry. De film duurt ongeveer 20 minuten.

De ***kaasboerderij 'Pieter Peit's Hoeve'*** staat in Lies 24a. Telefoon: 8501.
Hier worden kaas, boter en kwark gemaakt uit melk van eigen koeien.
Entree is *f* 2,50. Geopend van maandag tot en met vrijdag van 10.00 tot 18.00 uur. 's Zaterdags van 14.00 tot 17.00 uur. De boerderij is elke dag gesloten tussen 12.30 en 13.30 uur. Iedere dag wordt van 10.00 tot 10.30 uur een demonstratie kaasmaken gegeven.

Ook 's avonds is er nog het een en ander te doen. U kunt wat drinken in één van de gezellige café's die alle plaatsen rijk zijn. Of u kunt eens naar de *bioscoop*. Bioscoop Actania, Heereweg 5. Midsland Noord. Telefoon: 8850.

U ziet het. Terschelling heeft mogelijkheden genoeg.

Nog wat wetenswaardige zaken
Terschelling bezit meer dan 20 *kampeerterreinen*. Ze liggen bijna allemaal in het poldergebied. De afstand tot het Noordzeestrand varieert van 1,5 tot 4 kilometer.
Alle campings zijn per auto bereikbaar. De meeste ook met de bus. Hebt u veel bagage, informeert u dan van tevoren of deze door uw camping opgehaald kan worden.
De campings bestaan in het algemeen uit één of meer percelen

grasland, omgeven door heggen. Ze liggen voor het grootste deel op zandgrond. Dit is gunstig, want de bodem is goed doorlatend en ook na een fikse regenbui hoeft u niet bang te zijn dat uw tent onder water komt te staan. Veelal zijn de campings heel eenvoudig ingericht. Maar een enkele heeft een kampwinkel of een kantine.

Wilt u uw caravan meenemen naar Terschelling? Informeert u dan vooral van tevoren op welke camping u deze kunt neerzetten. De meeste terreinen zijn namelijk alleen ingericht voor tenten. In alle gevallen is reserveren voor het hoogseizoen noodzakelijk.
Een speciale categorie vormen de kampeerterreinen van Staatsbosbeheer. Eén groot, algemeen terrein ligt bij Formerum. Natuurkampeerterreinen liggen bij West-Terschelling, Lies en Hoorn. Voor de natuurkampeerterreinen hebt u een kampeerbewijs nodig. Dit is verkrijgbaar bij alle ANWB-kantoren.
Reserveringen 's winters: Staatsbosbeheer, Postbus 2003, 8901 JA Leeuwarden, tel. 058-443313.
's Zomers: Kampeerterrein Nieuw Formerum, Formerum, Terschelling, tel. 05620-8977.

Op Terschelling is ook een aantal *kampeerboerderijen*. Deze kunnen over het algemeen uitsluitend door groepen benut worden. Uitzonderingen hierop zijn:
Hanska Dûne (jeugdherberg), B. van Heusdenweg 39, 8881 EE West-Terschelling, telefoon: 2338,
Bos en Duinzicht, Dorreveldweg 12, 8891 HN Midsland-Noord, telefoon: 8999,
Westend nr. 3, 8882 HC Hee, telefoon: 2714,
Vesta, 8894 KC Formerum 77, telefoon: 8685
en van 1 november tot 1 maart: ***De Jonge Jan*** nr. 79, 8894 KC Formerum, telefoon: 8461.

Verder is er een ruime keus in *hotels en pensions*. Er zijn slechts enkele particulieren die (in het seizoen) logies of logies en ontbijt verstrekken. Voor inlichtingen over al deze overnachtingsmogelijkheden kunt u het best contact opnemen met de VVV.

De VVV organiseert ook *arrangementen*. Hierbij kunt u 4,5 of 7 dagen in een hotel/pension verblijven op basis van logies/ontbijt, half-/volpension. Vervoer Harlingen-Terschelling is in de prijs inbegrepen. Bovendien krijgt u reduktiebonnen voor verschillende bedrijven op Terschellingen. Een informatiepakket waarin onder andere een kaart van Terschelling en een boek over Terschelling is ook gratis verkrijgbaar. Reserveringen uitsluitend telefonisch en minimaal 1 week van tevoren bij: VVV Terschelling, telefoon: 05620-3000.

De VVV publiceert jaarlijks een overzicht van verhuurobjecten als bungalows, zomerhuisjes en appartementen. Deze particuliere vakantieverblijven zijn ingedeeld in categorieën die variëren van klasse 1 (eenvoudig) tot klasse 5 (zeer luxe). Bij de beoordeling is echter geen rekening gehouden met de ligging van het vakantieverblijf ten opzichte van bijvoorbeeld strand en bos. Alleen voorzieningen ter plekke tellen mee.
Ook voor inlichtingen over deze verblijfmogelijkheden kunt u zich het best in verbinding stellen met de VVV.

Ten slotte nog een paar belangrijke telefoonnummers:
Politie: West-Terschelling, tel. 2280, Midsland, tel. 8732.
Artsen: P.S. Smit en K.J. Mellema, J. de Voslaan 8, West-Terschelling, tel. 2181, D.F. van Schie, Oosterburen 51, Midsland, tel. 8703.

AMELAND

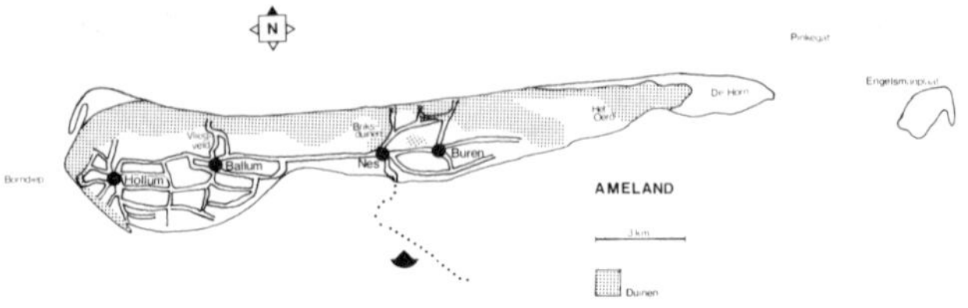

Het eilandschap

Ameland is een van de grotere Waddeneilanden. Als je de grote zandplaat in het oosten van het eiland (Het Hon) meetelt, is het eiland ongeveer 27 km lang. De breedte varieert van ongeveer 1,6 km tot 3,8 km.

Zoals alle eilanden wordt ook Ameland bedreigd door een vrij sterke stroming langs de Noordzeekust. Op Ameland vindt u vooral op de westelijke punt en in het midden van het eiland de stille getuigen van de strijd tegen dit steeds aanwezige gevaar. Kunstmatig aangelegde duinen versterken de zwakke plaatsen in de zeewering en dammen moeten ernstige afslag vcorkomen. Als gevolg van deze afslag wordt met name ook het gebied bij de jeugdherberg De Kleine Grie en het Hollumerbosch bedreigd.

Ameland kent een grote verscheidenheid aan landschappen. We praten nu even niet over de dorpen, deze komen in een afzonderlijk hoofdstukje aan de orde.

Voor de toerist is het brede en goed bereikbare Noordzeestrand natuurlijk een belangrijke attractie. In het westen gaat dit strand in de buurt van de Lange Duinen, zo ongeveer in de buurt van kilometerpaal 6, langzamerhand over in een zandplaat. Ook in het oosten is dit het geval. Na de Oerderduinen, ongeveer tussen kilometerpaal 22 en 23, begint Het Hon.

We spraken al even over de Lange Duinen. Bij deze duinen is een uitgestrekt rietmoeras ontstaan. In dit gebied loopt het regenwater niet weg, maar vormt door de lage ligging plassen. Dit riet-

moeras vormt een prima verblijf- en broedplaats voor allerlei watervogels.
Bossen zijn op Ameland betrekkelijk schaars. Op Vlieland vindt u bijvoorbeeld naar verhouding veel meer bos.
U vindt een stuk bos bij de vuurtoren. Dit Hollumerbosch levert zijn bijdrage in de bescherming van de westelijke en meest bedreigde punt van het eiland. Op een wat grotere kaart kunt u zien, dat de stroming in het Borndiep vlak langs de kust loopt.
Enkele andere stukken bos vindt u bij Nes. Ten noorden van dit dorp vindt u het Nesserbosch en het bos van de Briksduinen.
De dorpen liggen allemaal in het poldergedeelte van Ameland.
Deze polders strekken zich uit van het Hollumerbosch tot de Kooiduinen in het oostelijk gedeelte van het eiland. De polders zijn het domein van de koeien, schapen en de op Ameland zo geliefde paarden. U ziet op Ameland betrekkelijk veel paarden, de eilandbewoners dragen dit dier een warm hart toe.
De Amelander reddingsboot wordt bijv. met paarden de zee in- en uitgetrokken. De tien paarden die dit karwei opknappen mogen zich ook bij de toeristen verheugen in een grote populariteit.
De eerlijkheid gebiedt te zeggen, dat het polderland niet behoort tot de mooiste delen van het eiland. Vroeger is dit hoogstwaarschijnlijk anders geweest, maar de ruilverkaveling (de eerste in Nederland) heeft ook hier het landschap geen goed gedaan. Achter de dijk langs de kust van de Waddenzee zijn op sommige laaggelegen plaatsen plassen ontstaan. Dit zijn interessante plekjes, de natuur gaat hier meer zijn eigen gang en met name de vogels waarderen deze door de mens als nutteloos beschouwde plassen.
Nog één interessant detail: de door de koeien geleverde melk wordt via een pijpleiding vervoerd naar het Friese vasteland.
De mooiste stukjes natuur vindt u in het oostelijk gedeelte van het eiland. De Kooiduinen met de mooie eendenkooi, de Zoute Weide en de Oerderduinen zijn meerder bezoeken waard.
De *Oerderduinen* vormen een prachtig natuurgebied, waarop de mens nog geen stempel heeft gezet. Wind en water gaan hun gang en scheppen en herscheppen het landschap. Enkele kleine meertjes dragen bij aan het ontstaan van een interessante flora en fauna. Veel zeldzame planten komen hier voor, de wolfsklauw, de wilde orchideeën, de blauwe zeedistel, de pirola en vele andere.
Ook het dierenleven in de Oerderduinen en trouwens op geheel Ameland is talrijk en gevarieerd. Ameland is bijvoorbeeld het enige eiland waar reeën voorkomen.
De *Zoute Weide* is een interessant gebied en een bezoek zeker waard. Vergeet niet om uw laarzen mee te nemen. Bij hoog water stroomt het water uit de Waddenzee via een drietal sloten de Zoute Weide binnen. De grootste is de Oerdersloot, een paar

honderd meter van de Oerderduinen gelegen. De Zoute Weide is een typisch kweldergebied, maar ook in zo'n gebied is plantengroei mogelijk: er groeien en bloeien planten die nu juist wel van brak water en grond met een hoog zoutgehalte houden. De economische waarde van de weide is gering, alleen wat schapen en jong vee grazen op deze kwelder. Liefhebbers van schapevlees vinden het vlees van deze schapen door de wat ziltige smaak bijzonder lekker. Er zijn plannen om de natuur in dit gebied wat te corrigeren. Het is mogelijk, dat u in de nabije toekomst met meer menselijke activiteiten in dit gebied wordt geconfronteerd en dat door middel van dammen het vrij binnendringen van het water wat aan banden wordt gelegd.
Ook een bezoek aan de *eendenkooi* loont zeker de moeite. Tegenwoordig wordt bijna geen enkele eendenkooi meer echt gebruikt, dat wil zeggen, dat de kooi de eigenaar een inkomen moet verschaffen. Eendenkooien zijn nu natuurlijk vooral in historisch en biologisch opzicht interessant. Vroeger was dat anders, een kooiker en zeker een kooiker op Ameland kon toen met zijn kooi een goede boterham verdienen.
Het in de buurt van de kooi gelegen kooihuis was vroeger een jachtslot van de Oranjes, die ook een deel van de opbrengst van de eendenkooi afnamen. De huidige eigenaar heeft de sinds het begin van de zestiger jaren verwaarloosde kooi ten koste van veel inspanning hersteld. Onder zijn leiding kunt u deelnemen aan een interessante excursie. Hij wijst u dan niet alleen op vele interessante zaken in de natuur, maar legt u ook uitvoerig de werking van de eendenkooi uit.

Geschiedenis
In de Gouden Eeuw namen veel Amelanders deel aan de walvisvaart. De walvisvaart was een belangrijke bedrijfstak in de zeventiende eeuw. In 1680 namen ruim 250 schepen deel aan de jacht in de wateren rond Spitsbergen. De betekenis van Ameland voor dit bedrijf wordt goed geïllustreerd door het volgende gegeven. Van de ruim 250 schepen stonden er bijna 130 onder bevel van Amelandse commandeurs. Een commandeur was een kapitein van een walvisvaarder. Een riskant vak was het wel. Varen richting Noordpool in een naar ons idee klein schip. Daarvoor was al veel moed en zeemanskunst nodig. Op de vangplaats aangekomen keek de uitkijk of hij een walvis zag. Daarna in de roeiboten en dan was het de kunst om de harpoenen zo stevig mogelijk in de walvis vast te gooien. Natuurlijk probeerde de walvis te ontsnappen. Met al zijn kracht, en die is niet gering, begon hij te zwemmen. Aan elke harpoen zat echter een lijn en deze lijn was weer vastgemaakt aan de roeiboot. De bedoeling was de walvis zó uit te putten en zó te verwonden, dat hij de strijd opgaf. Maar niet altijd trad de mens als overwinnaar uit deze strijd te voorschijn.

Ameland - commandeurshuisje in Nes

Op Ameland zijn meer commandeurswoningen bewaard gebleven dan op de andere eilanden. Deze huizen zijn herkenbaar aan de dubbele rij uitstekende steentjes in de voorgevel. Meestal staat op deze gevel ook het bouwjaar van het huis aangegeven. De meeste commandeurshuizen zijn gebouwd tussen 1650 en 1750.
De oudheidskamer, ook wel het Sorgdragershuisje genoemd naar de eerste bewoners, is een voorbeeld van zo'n commandeurswoning. U vindt dit kleine maar aardige museum in Hollum, op de hoek van de Herenweg en de Oosterlaan. Het huisje stamt zoals u op de gevel kunt zien uit 1751. Het interieur stamt ongeveer uit dezelfde tijd, misschien is het iets ouder. Het Sorgdragershuisje is niet het oudste commandeurshuis. Het oudste voorbeeld vindt u in Nees, het is gebouwd in 1625.
Maar niet alleen de commandeurshuizen herinneren aan de tijd van de walvisvaart. Wat vindt u van walvisbeenderen langs uw tuin? Niet fraai? De Amelanders in vroeger eeuwen dachten er anders over. Ze gebruikten, en hier en daar vindt u er nog de resten van, walvisbeenderen als tuinafscheiding.
Ook enkele grafzerken herinneren nog aan de tijd van de commandeurs. Op het kerkhof van de Nederlands Hervormde Kerk bevindt zich de zerk van Hans Barends. Deze steen is gemakkelijk te herkennen, omdat ook het schip van deze commandeur op de steen staat afgebeeld.

De dorpen
Ameland telt een viertal dorpen met in totaal zo'n drieduizend inwoners.

Hollum
Hollum is misschien wel het mooiste of in ieder geval een van de mooiste dorpen van de Waddeneilanden. De kerk met de uit 1678 stammende kerktoren en de vele commandeurshuizen, bepalen voor een belangrijk gedeelte het gezicht van de dorpskern. Door Hollum op te nemen in de lijst van beschermde dorpsgezichten, probeert men al dit fraais ook voor volgende generaties veilig te stellen.
In Hollum, rijk aan plaatselijke folklore, zijn de oudheidskamer en het natuurmuseum gevestigd.
Ten westen van Hollum vindt u de in 1890 gebouwde 58 meter hoge vuurtoren. Er bestaan ongetwijfeld fraaiere bouwwerken. Toch moet u wel bedenken, dat de op de toren geschilderde banden een funktie hebben. Omdat deze banden op een bepaalde manier zijn aangebracht, kan de zeeman aan het uiterlijk van de toren zien met welke vuurtoren hij te maken heeft.
Hollum is evenals Ballum een protestants dorp. Ten aanzien van de godsdienstige overtuiging liepen vroeger de scheidslijnen vrij scherp over het eiland. Nes is voor de helft protestants. Buren is

volledig katholiek. Dit zegt toch wel iets over de vroegere verhoudingen. Buren was in vroeger eeuwen natuurlijk een uithoek, Hollum en Ballum waren veel meer de plaatsen waar de mensen woonden die de lakens uitdeelden.

Ballum
Ook Ballum, het kleinste dorp op Ameland, heeft een beschermd dorpsgezicht. Midden in het dorp ligt een kleine brink, omzoomd met bomen. Vroeger woonden in Ballum de Cammingha's. Deze familie regeerde in vroeger eeuwen als vrijheren over het eiland. Ameland was toen een - hoe vreemd het ook klinkt - zelfstandig land. Een voorbeeld. In de zeventiende eeuw streden Engelsen en Hollanders om de heerschappij op zee. Met wisselend geluk: dan weer wonnen wij, dan weer de Engelsen. De Amelanders voelden er weinig voor om in deze oorlogen betrokken te raken. Daarom stuurde een der Cammingha's gezanten naar Engeland, die met de Engelse regering een verdrag sloten. Ameland zou neutraal blijven. Keurige mensen die Engelsen, ze kwamen de gemaakte afspraken na. Toen hun vloot langs de Nederlandse kust zeilde, plunderden ze dan ook niet Ameland, maar Terschelling. . .
Van het kasteel der Cammingha's vindt u in Ballum niets meer terug. Alleen de grafsteen, die vroeger gebruikt werd om de grafkelder van de Cammingha's af te sluiten, is bewaard gebleven. U kunt de steen nu terugvinden in de vloer van het lijkenhuisje op de begraafplaats. De grafsteen is een in 1566 gemaakte schepping van de Friese steenhouwer Vincent Lucas.
Ook de door Cornelis Jelles in 1604 gemaakte preekstoel in de Nederlands Hervormde Kerk verdient uw belangstelling.
Ballum zal in de toekomst iets van z'n oude glorie terugkrijgen. Het gemeentebestuur heeft besloten, dat het nieuwe gemeentehuis in deze plaats moet worden gebouwd.

Nes
Nes is in het toeristenseizoen het drukste dorp op Ameland. De straten zijn dan vaak vol met wandelende en fietsende gasten van de naburige campings. Ondanks deze drukte blijft het wandelen door Nes een plezierige zaak. Het winkelbestand is gevarieerd, het aanbod zeker 'bij de tijd'. Door de vele begroeide erven in de dorpskern blijft deze kern een rustiek geheel. Ook het kerkplein met de vrijstaande, in 1732 gebouwde toren, is een bezoek zeker waard. De vele eethuisjes en een aantal gezellige bars maken van Nes ook een plaats waar het goed toeven is als het weer eens wat minder goed is.
De rooms-katholieke kerk in Nes is een schepping van de beroemde architect Cuypers. Behalve aan deze kerk moet u ook eens een bezoekje brengen aan de achtkantige, uit 1880 stammende molen 'De Phoenix'.

Buren
Het meest oostelijke dorp van Ameland. Een dorp of geen dorp? Een duidelijke kern heeft Buren niet. De huizen liggen veel meer verspreid dan in de andere dorpen. Heel leuk, vooral door de vele in de 'dorpskern' staande boerderijen.
Midden in het dorp vindt u het standbeeld van Ritzke-moi. In feite verdiende deze vrouw beslist geen standbeeld. Volgens oude, van vader op zoon en van moeder op dochter doorvertelde verhalen, leefden Ritzke en haar zoon Sjoerd lang geleden in het Oerd. Moeder en zoon zwierven 's nachts met een lantaarn door de duinen en misleidden daarmee allerlei schepen, die de lantaarn aanzagen voor een licht op een schip. Schepen strandden en Ritzke en Sjoerd hadden weer voor een lange tijd eten en brandhout, maar de legende houdt wel de herinnering levend aan tijden van honger en grote armoede.

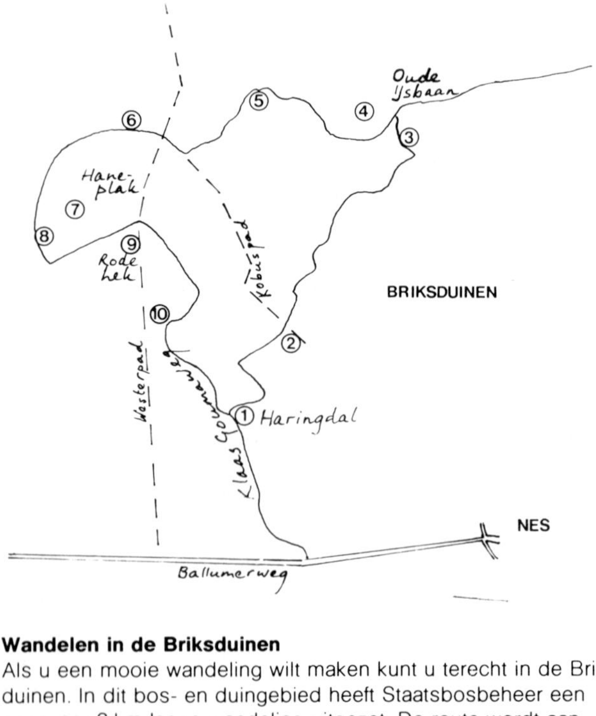

Wandelen in de Briksduinen
Als u een mooie wandeling wilt maken kunt u terecht in de Briksduinen. In dit bos- en duingebied heeft Staatsbosbeheer een ongeveer 3 km lange wandeling uitgezet. De route wordt aangegeven met rode paaltjes. U kunt op twee plaatsen met de wandeling beginnen. De eerste mogelijkheid is de Ballumerweg aan

de rand van Nes. U kunt ook starten vanaf het kampeerterrein Duinoord. De wandeltocht voert u door een aantal gebieden, waarvan we u een korte beschrijving geven.

1. Haringdal of Heringdel
Deze naam is ontleend uit de tijd dat er nog veel lage duinpannen in cultuur gebracht werden t.b.v. de akkerbouw. Deze del werd gepacht door de boer Bote Smid. Vanouds waren bijna alle boeren strandjutters, zo ook boer Smid. Na een tocht naar het strand keerde hij terug naar zijn land, met als buit enkele vaten haring. Deze bleken echter bedorven. Daar hij aardappels ging verbouwen, gebruikte hij deze haring als mest. In het plantgat van elke aardappel kwam eerst een haring en de aardappel werd er bovenop gepoot. Omdat deze dellen vroeger in cultuur waren, bleken ze later zeer geschikt voor loofhoutbos. Wat u er thans ziet staan zijn eiken van ongeveer 50 jaar oud en enkele esdoorns.

2. Kobuspad
Dit pad is genoemd naar één van de mensen van het Staatsbosbeheer, die jaren de kwekerij in dit bos verzorgde en altijd langs dit pad van en naar huis ging. Het bos, gelegen aan beide zijden van dit pad bestaat uit Corsicaanse en Oostenrijkse dennen, geplant in 1925. Door het bos heeft u hier een mooi uitzicht op de Nesser Binnenduinen met op de achtergrond het dorp Nes.

3.
Dit deel van het bos is in 1966 aangeplant. Door de inwerking van de zeewind begon het bos langzaam dood te gaan. Op deze hoge plaats heeft men toen de bergden geplant, welke goed tegen wind en droogte kan.

4. De IJsbaan
Deze ijsbaan is in 1914 door de Nesser gemeenschap aangelegd. Door het zakken van het grondwaterpeil is hij zeer weinig gebruikt. Thans is hij grotendeels ingeplant met els, meidoorn, esdoorn en eik. Dit is nodig om in de toekomst het achterliggende naaldhoutbos te beschermen tegen wind uit zee.

5.
De bosrand gaat steeds verder terug (roltop) onder invloed van de zoute zeewind en de dennen gaan dood. Hier is thans een begin gemaakt met de onderplant van deze bossen om te proberen een nieuw bos op te bouwen. Deze beplantingen zijn zeer gevoelig voor betreding door mensen.

6. Het verbrande dorp of Haneplak
Deze naam is ontstaan bij de aanleg van de stuifdijk ten westen van de Ballumer blinkert. Onder leiding van Foppe de Jong werd

deze dijk aangelegd door een groep mensen uit Nes. Deze moesten 's morgens en 's avonds te voet van en naar hun werk. Hiervoor werd dan ook de kortste weg gekozen, recht door het duingebied. Bij deze mensen was ook Doris de Haan, welke graag een pijpje rookte. Op een avond nadat Doris deze plaats gepasseerd was, brandde een groot gedeelte duin af, waarvan genoemde Doris de schuld kreeg. Vandaar de naam Haneplak.

7.

Ten oosten van dit pad vindt u een jonge bosrand van Sitkaspar, aangelegd in 1937. Deze spar lijkt veel op uw kerstboom (fijnspar), maar zijn naalden prikken flink als u ze aanraakt. De planten welke hier in dit voor Ameland karakteristieke duingebied groeien zijn onder andere helm, buntgras, paarse haver, gewoon en geel walstro, zandblauwtje, muurpeper en dopheide.

8. Briksduinen

Op deze plaats heeft vroeger het strand gelegen en is de naam Briksduinen ontstaan. De op deze plaats vergane brik, ongeveer in het jaar 1700, werd door de inwoners van Nes gesloopt. Hierdoor ontstond een pad dat snel de naam van Briksduinpad kreeg. Toen men later het bos ging aanleggen is het pad verloren gegaan, maar de naam is gebleven. Vanaf dit punt heeft u een fraai uitzicht over het natuurterrein Het Hagedoornveld. Dit Hagedoornveld herbergt vele broedvogels, o.a. de eidereend, diverse andere eendesoorten, de wulp, de scholekster en de kiekendief. Het gebied is niet toegankelijk, maar vanaf dit punt kunt u vele waarnemingen doen, zoals de prooioverdrachten van de kiekendieven. Bij helder weer kunt u, naar het zuiden kijkend, een groot deel van de Friese kust zien met de dorpen Holwerd, Blija, Ferwerd en Hallum. Mocht u boven de vaste wal een grote kolom rook zien, dan is deze afkomstig van de grasdrogerij in Marrum.

9. Rode hek

Een plaats waar vroeger vee werd ingeschaard. Een fraai pad met aan weerszijden een jonge loofhoutbeplanting, bestaande uit els, meidoorn, vogelkers en duindoorn. Aan het einde van dit pad staan ook nog diverse witte elzen (geen rond maar spits blad). Het schelpenpad dat u kruist is het Westerpad.

10. Klaas Goumaweg (Westerpad)

Klaas Gouma was de oprichter onder wiens leiding het kwekerijbos is aangelegd. Deze weg voert u langs een zeer fraai sitkabos, dat is aangelegd in 1943. Hier kunt u als het rustig is wel eens een ree ontdekken.

(Met toestemming van de VVV en Staatsbosbeheer overgenomen uit Ameland '81).

Tochtjes
We vertelden u het al, als u naar Vlieland of Schiermonnikoog gaat, moet u de auto in Harlingen of Lauwersoog laten staan. Naar Ameland mag u de auto meenemen, maar als u met de auto uw vakantieadres hebt bereikt, moet u hem verder maar zoveel mogelijk laten staan. De beste manier om Ameland te leren kennen is per fiets en wandelend. Fietsen kunt u overal huren, in elk dorp vindt u een of meer adressen.
U vindt op Ameland een aantal zeer fraai aangelegde fietspaden. Er loopt een rijwielpad van west naar oost. Als u dit pad helemaal af wilt rijden moet u wel over een beetje conditie beschikken. Het gaat vaak duin op, duin af. Toch zijn het niet de duinen alleen die de fietser uitputten. De combinatie van wind en duinen maakt deze tocht tot een sportieve onderneming. Maar u hoeft de hele route niet in een keer te rijden, u kunt ook op verschillende dagen een gedeelte rijden.
Als u in het westelijke gedeelte logeert kunt u al een mooie tocht maken via de dorpen Ballum en Hollum. U start bijvoorbeeld in Ballum. Via de weg door het polderlandschap fietst u naar Hollum. In deze plaats rijdt u richting vuurtoren. Bij de jeugdherberg neemt u het fietspad door de duinen. ANWB-paddestoelen wijzen u de terugweg naar Ballum.
Het is zeer de moeite waard om met de fiets een bezoek te brengen aan de prachtige Oerderduinen. U neemt dan het fietspad dat loopt via de Kooioerdstuifdijk, vlak langs de Zoute Weide, naar dit natuurgebied. Daar stapt u af en gaat een flink eind lopen, eventueel tot Het Hon, de grote zandplaat op de oostelijke punt van het eiland.
Een vervelend gezicht zijn de talrijke dode konijnen. Vooral kleine kinderen kunnen daar een beetje over gaan tobben. Triest, maar de gevreesde konijnenziekte myxomatose maakt ook op de Waddeneilanden vele slachtoffers.
Ook aan de westelijke punt van het eiland vindt u een grote zandplaat, waarop het goed wandelen is.

In zo'n mooi natuurgebied als Ameland moet u toch tenminste wel één keer hebben deelgenomen aan een natuurexcursie. U kunt kiezen uit verschillende mogelijkheden.
De VVV organiseert een ongeveer 1½ uur durende excursie op het wad. Voor verdere informatie moet u gaan naar een van de twee kantoren van de VVV.
Wanneer zo'n excursie wordt georganiseerd hangt namelijk af van het getij. Het moet laag water zijn. Het is toch wel handig wanneer u een getijdentabel bij de VVV haalt. Als u een keer op het wad bent geweest en de smaak te pakken hebt, zult u het op eigen houtje vast nog een keer willen doen. Wel goede kleding aantrekken. In de zomermaanden zijn een oude broek en oude gymschoenen uitstekend geschikt.

U kunt onder leiding van een deskundige gids een natuurwandeling maken. U merkt dan aan hoeveel interessante zaken je anders voorbij loopt. Deze natuurwandelingen duren ook ongeveer 1½ uur en worden georganiseerd naar de Hollumerduinen, het Oerd en de Eendenkooi achter Buren.
Leuk voor kinderen is een tocht met een door een traktor getrokken wagen naar het Hon.
U kunt, met als vertrekpunt de steiger in Nes, ook een boottocht maken. Vroeger werd dit de robbentocht genoemd. De kans dat u inderdaad robben ziet wordt ieder jaar echter kleiner. Maar misschien hebt u geluk.
Garanderen kunnen we u natuurlijk niets, maar als u op Ameland deelneemt aan een zogenaamde laagwatertocht hebt u een redelijke kans om een of meer zeehonden te zien. Deze excursie duurt ongeveer 4½ uur. Vertrek vanaf de steiger in Nes. Daarvandaan vaart de boot naar een zandbank tussen Ameland en Terschelling en tijdens deze tocht hebt u een goede kans een zeehond te ontmoeten. Inlichtingen bij de VVV.
Op Ameland kunt u op verschillende plaatsen een leuke wandeling op het wad maken. Het Pinkewad in het oosten van het eiland en de Vrijheidsplaat in het westen zijn uitstekend geschikt. U moet maar een beetje wegblijven uit de buurt van de Stroomleidam en het havenhoofd. Op die plaatsen loopt u het risico dat u flink wegzakt in het slib.

Sport

Ook sportieve mensen kunnen op Ameland hun hart ophalen. In het Recreatiecentrum in Ballum, Strandweg 20 vindt u een *zwembad* en een *sauna.*

Op verschillende plaatsen in Ameland kunt u *tennissen*: in bovengenoemd Recreatiecentrum, maar ook in de Sporthal van Klein Vaarwater in Buren en bovendien aan de Strandweg in Nes. *Midgetgolf* kunt u op vijf verschillende plaatsen spelen. In Nes aan de Molenweg, in Hollum aan het Jan Roepespad, in Buren en Ballum aan de Strandweg en bovendien aan de Zwarteweg tussen Nes en Buren.

Paarden kunt u o.a. huren in Hollum aan de Oranjeweg 20, in Nes bij Torenstraat 14 en Ballumerweg 12a en in Ballum, Kammingastraat 1 en Baron Rengersweg 10.

We hebben al verteld dat *zwemmen in zee* gevaarlijk kan zijn. Als u zo weinig mogelijk risico's wilt lopen, kunt u gaan naar een van de bewaakte stranden. Er zijn er in principe vier op Ameland:

1. aan het eind van de Oranjeweg, voorbij de vuurtoren, bij kilometerpaal 2;
2. aan het einde van de Ballumerstrandweg, ten noorden van het dorpje Ballum, bij kilometerpaal 7;
3. aan het einde van de Strandweg, die loopt van Nes langs het Nesserbosch naar het strand. Ongeveer ter hoogte van kilometerpaal 13;
4. aan het einde van de Buurderstrandweg, bij kilometerpaal 15.

Als het weer wat tegenzit

De VVV organiseert film- en dia-avonden. Gezellige bijeenkomsten. U doet er vast en zeker ideeën op voor nieuwe tochten. Interessant is ook een bezoek aan het natuurmuseum te Hollum. Een aantal diorama's laten u daar kennis maken met het vogelleven, het ontstaan van de Waddenzee, enzovoort. Bovendien kunt u er vele opgezette vogels bewonderen.

Interessant, vooral voor kinderen, is een bezoek aan het reddingsboothuis in Hollum.

Ameland heeft als laatste in Nederland nog een reddingsboot die met paarden in zee wordt getrokken. Tien zijn het er. Als de bemanning van de boot oefent moet u beslist eens gaan kijken. Een magnifiek gezicht deze samenwerking van mens en dier. Ouderwets? De zeeman die in het reddingsboothuis de rondleiding verzorgt, weet daar wel antwoord op. Maar ook als de boot niet oefent, is een kijkje in het boothuis de moeite waard. In de oudheidskamer hangt een lijst met alle schepen die op de Amelandse kust zijn vergaan. Als u de reddingsboot hebt gezien wordt deze lijst, o.a. door het aantal geredden, erg interessant. De muziekliefhebbers willen we ten slotte wijzen op de zomeravondconcerten in de Nederlands Hervormde kerk te Hollum.

Ameland - de door paarden getrokken reddingsboot

Deze concerten worden gehouden van eind juni tot eind augustus op donderdagavond en beginnen om 20.00 uur. Deze driehonderd jaar oude kerk kunt u ook bezichtigen. In het hoogseizoen op dinsdag, woensdag en donderdag van 10.30 tot 11.30 uur en 's middags van 16.30 tot 17.30 uur. Voor bezichtigingen buiten het hoogseizoen (en dit geldt ook voor de andere kerken op Ameland) kunt u het beste contact opnemen met de koster.

Nog wat wetenswaardige zaken
De VVV op Ameland is bijzonder actief. U moet beslist eens langs gaan bij de VVV-kantoren in Hollum of Nes. Ook voor uw vertrek kunt u zich natuurlijk al documenteren. U kunt schriftelijk of telefonisch een folder met alle mogelijke informatie aanvragen bij de VVV Ameland, Postbus 14, 9163 ZL Nes, telefoon: 05191-2020.
In deze folder vindt u o.a. een geklassificeerd overzicht van huurbare particuliere vakantiewoningen. Daarnaast informatie over hotels, pensions, kamers met ontblijt, caravans, kampeerboerderijen enz.
Bij de VVV kunt u tegen betaling een aantal interessante zaken kopen. Bijvoorbeeld: Topografische kaart; Ameland bekijken en kennen; Ameland van Hollum tot Hon; Poster beschermde planten; Poster pak de fiets; Poster Amelander reddingsboot;

Bewaarkaart schelpen; Wandelwaaier over vogels; De 'Amelander'.

Er zijn op Ameland zes *kampeerterreinen*.
U vindt twee terreinen in *Hollum*:
Koudenburg, telefoon: 05191-4367
Boomhiemke, J. Roepepad, telefoon: 05191-4052
Eén in *Nes*:
Duinoord, Strandweg, telefoon: 05191-2070
Ook *Ballum* heeft een kampeerterrein:
Roosdûnen, Strandweg 20, telefoon: 05191-4272
In *Buren* vindt u twee campings:
Klein Vaarwater, Strandweg, telefoon: 05191-2156
Kiekduun, Burestrandweg, telefoon: 05191-2389

Buiten het hoogseizoen kunt u gebruik maken van relatief voordelige 3-, 5- of 8-daagse *hotelarrangementen*. Bij de prijs van zo'n arrangement zijn uw bootkaartje (Holwerd-Ameland), uw buskaartje (steiger bij Nes naar uw hotel) en een dag gratis fietshuur inbegrepen. Ook in het hoogseizoen is een arrangement mogelijk, maar dan valt u natuurlijk wel in een andere prijsklasse.

Enkele belangrijke telefoonnummers en adressen:
VVV-Nes:
Rixt van Doniastraat 2, telefoon: 05191-2020.
VVV-Hollum (open van 1 juni tot 1 september):
O.P. Lapstraat 5, telefoon: 05191-4177.

Politie
Nes – Reeweg 19a, telefoon: 05191-2125.
Hollum – Fabrieksweg 6, telefoon: 05191-4021.

Postkantoor
Nes: Kerkplein, geopend ma. t/m vr. van 8.30-12.30, 14.00-15.00, 16.00-18.00; za. 9.00-12.00 uur.
Hollem: Westerlaan, geopend ma. t/m vr. van 9.30-12.30, 14.00-15.00, 17.30-18.00 uur.

Artsen
O. Straatsma, Nesserweg 4, Ballum, telefoon: 05191-4175.
W.G.R. Hofman, Ballumerweg 20, Nes, telefoon: 05191-2018.

Dierenarts
T. Feenstra, Vermaningspad 4, Nes, telefoon: 05191-2158.

Taxi
Taxi Centrale Ameland, telefoon: 05191-2010.
Klasing - Wagenaar, telefoon: 05191-2123.

SCHIERMONNIKOOG

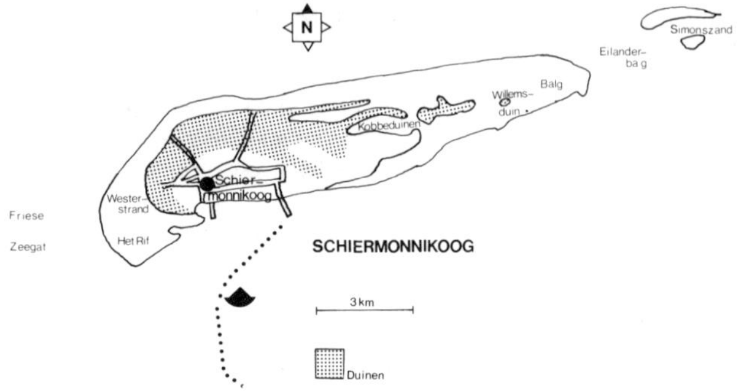

Voor de oversteek

In Lauwersoog kunt u uw auto zonder al te veel moeite parkeren. Het feit dat u uw auto niet mee kunt nemen naar Schiermonnikoog is totaal geen probleem, want het eiland is klein en u kunt zich daar te voet of per fiets uitstekend redden.
Als u wat tijd over hebt - en het loont beslist de moeite om er een dag voor uit te trekken - moet u eens wat gaan zwerven in het gebied van het Lauwersmeer.
Langs de kust van het meer, vroeger dus een stukje zee, vindt u kleigronden. Meer naar binnen toe, richting water, vindt u uitgestrekte zandplaten. De waterplas is door zijn grillige vorm een fascinerend gebied voor de watersporter. Voor deze recreatievorm wint het Lauwersmeer snel aan betekenis. Lauwersoog en Oostmahorn zijn dan ook snel groeiende watersportcentra. Als u een liefhebber bent van het strand en het strandleven kunt u in beide plaatsen uitstekend terecht.
Lauwersoog was oorspronkelijk een werkhaven voor de mensen van Rijkswaterstaat. Nu vertrekt de boot naar Schiermonnikoog vanuit deze plaats en hebben de vissers er een nieuwe thuishaven gevonden. De een zijn dood is de ander zijn brood.
Dit gezegde is ook een beetje van toepassing op de dorpen langs het Lauwersmeer. Vooral Zoutkamp heeft het gelag moeten

betalen. Vroeger, toen het Lauwersmeer nog de Lauwerszee was, vertrok de boot naar Schiermonnikoog uit Zoutkamp. In plaats van vissersboten liggen er nu de zeilschepen en de motorboten van de recreanten. De visafslag is verplaatst naar Lauwersoog. Lauwersoog heeft de wind mee, er is in Nederland een tekort aan recreatiemogelijkheden. Een jachthaven, een camping, een bungalowpark, het dorp is op weg om een aantrekkelijk recreatiecentrum te worden.
Als u nog wat meer aan de weet wilt komen over het Lauwersmeer en de Waddenzee, kunt u in Lauwersoog een bezoek brengen aan het door het Ministerie van Verkeer en Waterstaat ingerichte expositiecentrum *Expozee*. Film, dia's, modellen en kaarten vertellen u veel over het hoe en waarom.
Ook de uitwateringssluizen zijn als u wat tijd over heeft een bezoekje waard. Bij eb stroomt het overtollige water via deze sluizen weg in de Waddenzee.
Hoe aantrekkelijk het gebied van het Lauwersmeer ook is, we gaan toch onze blikken weer richten op Schiermonnikoog, want dit is toch het doel van onze reis.

Het eilandschap

U komt altijd in het dorp, daarom zullen we onze zwerftocht over het eiland daar maar beginnen.
Oosterburen is een mooi en gezellig dorp, heel anders dan de dorpen op de andere Waddeneilanden. Dáár vindt u nauwe straatjes, stegen en gloppen (smalle doorgangen). Oosterburen is veel ruimer van opzet. Veel groen, veel tuinen, brede grasstroken. Na de ondergang van Westerburen is er bij de bouw van Oosterburen kennelijk sprake geweest van een visie, een ordenende en leidinggevende man of vrouw moet de bouw van het dorp hebben begeleid. We weten het niet zeker, maar logischer wijze heeft de familie Stachouwer deze taak op zich genomen.
In het dorp vindt u veel oude geveltjes. Puntdaken, aan de voorkant uitlopend in een schoorsteen. De twee grote ramen aan de voorkant staan betrekkelijk ver uit elkaar om plaats te bieden aan de daar tussen geplaatste haard. Aan de kant van de deur loopt het dak iets minder schuin af.
In het dorp vindt u als herinnering aan vroeger tijden een standbeeld van een 'schiere' monnik. Vlak bij dit standbeeld vindt u nog een andere herinnering aan vroeger tijden. Heel opvallend is de wit gekleurde 'poort', gemaakt uit de onderkaken van een blauwe walvis. Oosterburen dankt dit gedenkteken aan een bewoner van het eiland, die in de eerste naoorlogse jaren het bevel voerde op de Nederlandse walvisvaarder de Willem Barentsz.

Schiermonnikoog zit betrekkelijk eenvoudig in elkaar. Aan de kant van de Waddenzee vindt u zoals op de meeste Waddeneilanden

een polder, op Schiermonnikoog Banckspolder geheten. Op uw reis van de aanlegsteiger naar het dorp maakt u al uitvoerig kennis met dit gebied. Nu we toch in de buurt van het dorp zijn, ten westen van Oosterburen vindt u de Westerplas (u kunt er leuk omheen wandelen of fietsen) en de zandplaat Het Rif.
Het grootste deel van het eiland wordt gevormd door een 15 kilometer lang en drie kilometer breed duin. Dit duingebied loopt over de hele lengte van het eiland, van west naar oost, na kilometerpaal 15 uitlopend in de zandvlakte De Balg. Als u geluk hebt, kunt u daar nog wel eens een groepje rustende zeehonden aantreffen.
Het duingebied van Schiermonnikoog is niet zo ruig als bijvoorbeeld de Oerderduinen op Ameland. Het is wat vlakker, wat meer begroeid, de wind heeft er wat minder vat op. Een mooi stukje is het beboste gedeelte tussen het Scheepstrapad en het Prins Bernhardpad.
Niet typisch voor Schiermonnikoog - maar u vindt ze daar wel betrekkelijk veel - zijn de vochtige, lager gelegen plaatsen in het duingebied. Hoe vochtig ze zijn, hangt natuurlijk ook af van de tijd van het jaar, maar deze vochtige plaatsen zorgen voor een boeiende afwisseling in de plantengroei.
In het zuiden, ten oosten van Banckspolder, ligt een kweldergebied. Anders, minder ruig, wat verder in zijn ontwikkeling dan bijvoorbeeld de Zoute Weide op Ameland. Minder slik, meer begroeiing. Vooral het stuk bij de Kobbeduinen is een bezoek zeker waard. De vallei tussen deze duinrichels staat in open verbinding met de Waddenzee. Voor biologen een interessant gebied. Zout- en zoetwater ontmoeten elkaar in deze vallei en daardoor ontstaat een belangrijk en interessant plantenleven. De zeekraal is een van de planten die best wat zout water kan verdragen, een pionier dus in dit gebied. Evenals het kweldergras, het schorrekruid en de schijnspurrie.
Voor plantenliefhebbers heeft Schiermonnikoog veel te bieden. Op dit kleine eiland komen bijna net zoveel soorten planten voor als op het veel grotere Terschelling. Dit komt in belangrijke mate door het relatief hoge kalkgehalte van het zand. De andere Waddeneilanden kennen een veel kalkarmer milieu. De hoeveelheid kalk in de bodem speelt ook een belangrijke rol bij de groei en bloei van het betrekkelijk grote aantal orchideeën op het eiland. Kenners kunnen u zonder al te veel moeite zo'n zes soorten aanwijzen.
U wist het natuurlijk al, ook een aantal planten is sinds enige jaren beschermd. Liever maar niéts plukken, ook op planten moeten we langzamerhand zuinig worden.

Geschiedenis

Het eiland met de moeilijke naam. Schiermonnikoog, wat betekent dit nu eigenlijk?

Het antwoord is niet zo moeilijk. *Schier* betekent grijs, *oog* betekent eiland. Schiermonnikoog is dan ook vroeger het eiland van de grijze monniken geweest. Om precies te zijn, tot 1580 was het eiland het eigendom van het cisterciënzer klooster Klaarkamp. De cisterciënzer orde heeft een belangrijke rol gespeeld in de geschiedenis van het noorden van ons land. Deze monniken hebben zich onder andere beziggehouden met dijkaanleg en het ontginnen van woeste grond.
Door de kerkhervorming, de kloosters moesten in de meeste provincies verdwijnen, werd Schiermonnikoog het eigendom van het gewest Friesland. Veel voordeel zagen de Friezen er niet in en daarom verkochten ze in 1638 het eiland aan Willem Stachouwer. De familie Stachouwer leeft in de geschiedenis van Schiermonnikoog voort als een geslacht van strenge, soms ook wel wat hardvochtige heersers. De Stachouwers hebben onder andere gewoond in De Burg, het gebouw waarin nu de jeugdherberg is gevestigd.
In 1859 kreeg Schiermonnikoog een nieuwe eigenaar. De Hagenaar John Banck werd de trotse bezitter van het eiland. Banck heeft op het eiland een uitstekende reputatie opgebouwd, vooral door zijn volhardende pogingen om Schiermonnikoog beter tegen de zee te beveiligen. Aan de kust van de Waddenzee liet Banck een dijk aanleggen. Deze dijk bood niet alleen een betere beveiliging tegen de zee, maar maakte het ook mogelijk om Banckspolder droog te leggen.
In 1892 verkocht Banck het eiland aan de Duitse graaf Von Bernstaff-Wehningen. Ook deze familie heeft haar best gedaan voor en op Schiermonnikoog, met name ten aanzien van de bebossing.
De laatste eigenaar uit het geslacht Bernstaff had pech. Vooral pech omdat hij een Duitser was. Na de Tweede Wereldoorlog werd zijn bezit in Nederland beschouwd als eigendom van de vijand. De Nederlandse regering verklaarde daarom dat Schiermonnikoog voortaan staatseigendom was.

De zee heeft in de geschiedenis van het eiland altijd een uiterst belangrijke rol gespeeld. Schiermonnikoog zelf had de bewoners weinig te bieden. De hoeveelheid vruchtbare grond was klein, te klein om alle eilanders een bestaansmogelijkheid te garanderen. Er was weinig keus, voor de meeste eilandbewoners ging het om bittere armoede of een bestaan als zeeman of visser.
Vooral in de zeventiende en achttiende eeuw was de visserij erg belangrijk. Ongeveer honderd schepen hadden toen Schiermonnikoog als thuishaven. Later, toen de visserij achteruitging, vonden de mannen van Schiermonnikoog werk op de walvisvaart en de koopvaardij.
De banden met de zeevaart waren zo nauw, dat het eiland in de negentiende eeuw een eigen zeevaartschool kreeg. In de twin-

tigste eeuw werd de betekenis van de scheepvaart voor Schiermonnikoog geleidelijk aan wat minder. De machine verving de wind, stoom het zeil, alles moest sneller en vlugger en veel zeelui uit Schiermonnikoog vestigden zich daarom wat dichter bij de grote havensteden in de randstad.
Een nieuwe bloeiperiode voor het eiland kwam toen echter al in het zicht. Het toerisme begon werk te bieden, vooral toen vakantie niet langer meer het voorrecht was van een kleine elite, maar ook binnen het bereik kwam van de meeste Nederlanders. Op Schiermonnikoog was Sake van der Werff zo'n man die daar van profiteerde. Hij begon op Schiermonnikoog als politieman en eindigde als hotelier. Hotel Van der Werff bewaart nog talloze herinneringen aan vroeger. Hier en daar wat versleten, maar veel mensen vinden dit juist zo leuk, heeft het hotel vooral de liefhebber van nostalgie veel te bieden. Tekeningen en schilderijen van machtige zeilschepen, oude kaarten, veel antiek, u bent een beetje terug in het verleden. U vindt dit hotel bij het begin van het dorp, schuin tegenover de VVV in Oosterburen.
Vroeger moet er ook een Westerburen zijn geweest. De zee heeft het in 1760 opgeslokt. Zoals alle Waddeneilanden heeft ook Schiermonnikoog de neiging in oostelijke richting weg te lopen. De zee knabbelt in het westen delen van de eilanden af. Rijkswaterstaat tracht deze ontwikkeling zoveel mogelijk te corrigeren.

Wandelen op Schiermonnikoog

Evenals op de andere Waddeneilanden zult u ook op Schiermonnikoog geen problemen ontmoeten als u mooie plekjes wilt vinden. Er zijn er zoveel. Misschien wilt u zelf op ontdekkingstocht gaan? Misschien vindt u het wel eens een keer leuk om een uitgestippelde wandeling te maken? Om uw ervaringen te vergelijken met die van anderen.
De wandeling die nu volgt is gemaakt in de zomer. Als u in een andere periode op vakantie gaat zal de beschrijving van planten en dieren natuurlijk niet kloppen, bovendien moet u in de natuur altijd rekening houden met veranderingen.

We starten in Oosterburen bij de paddestoel midden in het dorp. Wij verlaten het dorp via de Langestreek in oostelijke richting. Bij de manege slaan we links af de Westerholtlaan in. Deze weg maakt een bocht naar links, terwijl een onverhard pad rechtdoor gaat. Bij het schelpenpad gaan we naar rechts en komen we terecht in een berkenbos. Na de bocht naar links zien we zowel links als rechts berken met 'heksenbezems'. Deze worden veroorzaakt door een schimmel, die zorgt voor plaatselijk ongecontroleerde groei.
Vervolgen we de weg dan verlaten we het berkenbos en komen in wat hogere duintjes, waar veel minder groeit. Het zal opvallen, dat de vegetatie steeds minder verscheidenheid vertoont op de toppen en dat juist in de duinpannetjes (waar het vochtiger en waar het meer beschut is) de vegetatie wat hoger en rijker is. We kunnen hier zien dat het mos het zand vasthoudt.
We lopen het pad verder uit tot aan de Berkenplas. Dit is een natuurlijke duinplas, hier komt het zoete grondwater aan de oppervlakte. Wilt u de Berkenplas ook bekijken, dan moet u even rechtdoor.
We keren weer terug naar het schelpenpad, en vervolgen deze wandeling en komen weer in een natuurlijk berken-elzenbos (berken hebben een witte bast). Hier is de bodem duidelijk vochtig en dit uit zich in een volkomen andere plantengroei. De ondergroei is vrij dicht en bestaat uit de Kale Jonker (dit is een lange kale distel), mannetjesvaren en braam.
We blijven het schelpenpad (Cornelis Visserpad) volgen en komen weer in wat drogere duinen terecht. We vinden hier links en rechts de Kruipwilg, een vrij lage struik (met grijzige ronde blaadjes) die kenmerkend is voor wat oudere en daardoor kalkarme duinen.
We lopen het schelpenpad af tot we uitkomen op een verharde weg (Prins Bernhardweg). Vóór u ziet u een bunker, die als uitkijkpost is ingericht. We gaan naar boven en genieten van het uitzicht over het eiland. We staan nu op de Kooiduinen. Direct beneden ons zien we onbegroeide duinen. Om te voorkomen, dat deze verwaaien worden ze afgedekt met wilgentakken. Een

andere methode om verstuiving tegen te gaan is het inplanten van helm. Helm is het lange blauwgroene gras, dat als het ondergestoven wordt er direct weer bovenuit groeit. Het zand wordt vastgehouden door de wortels van deze plant. Deze methode is ook toegepast bij het aanleggen van de stuifdijk, die langs de noordkant van het eiland loopt. Hierachter ligt de kwelder. In tegenstelling tot de door de wind gevormde duinen is dit een wat vlak gebied, dat door de zee gevormd is. Na elke vloed bleef er een laagje slik op het land achter.
We draaien ons om en zien de Banckspolder, het kloppend agrarisch hart van het eiland. Van de twee torens bij het dorp, die bijna vanaf elk punt op het eiland zichtbaar zijn, dient de linkse als watertoren en de rechtse als vuurtoren. Verder kunnen we vanaf dit punt de centrale vuilnisstortplaats van het eiland zien, waar vuil verbrand wordt. Wanneer we nu even omhoog kijken kunnen we eventueel een bekende roofvogel van het eiland waarnemen die hoog in de lucht cirkels beschrijft. Dit is de blauwe kiekendief, een voor Nederland vrij zeldzame roofvogel. Een andere vogel die u wellicht zult zien is een grote eend, de bergeend, die meestal paarsgewijs vliegt en vrij licht gekleurd is met een donkere kop en een bruine band over de borst. Deze eend maakt zijn nest in konijneholen.
We gaan nu de trap af en slaan de Prins Bernhardweg rechts in. We vervolgen deze weg tot het strandpaviljoen 'De Grilk'. Langs deze weg staan veel duindoornstruiken. Bij de bunker staan deze nog volledig in het blad, maar we zullen zien, dat naarmate we het restaurant naderen deze struiken bijna kaal zijn. Dit is het werk van de rups van de bastaardsatijnvlinder. Op onze weg signaleren we aan de linkerkant van de weg het 'gele slaapmutsje', officieel de Californische papaver, het Amerikaanse broertje van onze klaproos. Deze plant werd zo genoemd omdat het sap van de stengel vroeger werd gebruikt in het eten van kinderen zodat zij snel in slaap zouden vallen 's avonds. Bovendien lijken de kelkbladeren wanneer de bloem nog dicht is op een ouderwetse slaapmuts.
Wanneer u goed oplet heeft u een grote kans, dat u hoog in de lucht een aanhoudend gezang van een klein vogeltje hoort. Dit is de veldleeuwerik, die heel de zomer zijn gezang graag laat horen. Hij stijgt al zingend op en blijft dan minutenlang hoog in de lucht staan vliegen. Dit in tegenstelling tot een ander klein vogeltje, dat ook tijdens zijn vlucht zingt en hier veel voorkomt - de graspieper. Dit vogeltje stijgt al 'tsjiep tsjiep tsjiep' zingend op om na een klein tijdje als een omgekeerde paraplu naar de grond terug te duiken. Nu hebben we een moment tijd om uit te rusten en te genieten van een kop koffie in 'De Grilk'.

Laten we nog even naar de vogels kijken. Vanuit het restaurant zult u beslist twee soorten meeuwen kunnen zien. Eén ervan heeft een zwarte kop en heet kokmeeuw. Het is een vogel die niet alleen aan de kust voorkomt, maar ook in de grote steden. De vogel leeft hier van schelpdieren en vis, en in de steden meestal van afval. De andere soort is veel groter en heeft géén zwarte kop, maar wél grijze vleugels. Dit is de zilvermeeuw. Hij heeft een stevige gele snavel met een helder rode vlek aan de onderzijde. Wanneer de jongen deze vlek zien, pikken ze ertegen waarop de ouders reageren door voedsel uit te braken.

We zetten onze wandeling voort. Mocht u te moe zijn dan kunt u eventueel de bus terugnemen.
We lopen van 'De Grilk' weer terug naar beneden, en gaan dan rechtsaf, langs de bushalte en gaan bij de bunker rechtsaf, het Scheepstrapad op dat we helemaal uitlopen. Ook hier zien we weer het werk van de rups van de bastaardsatijnvlinder. Wanneer u goed kijkt ziet u de overwinteringsnesten van deze rups. De rups is erg harig en daardoor voor vogels niet aantrekkelijk. Die haren hebben voor de mens een nare bijkomstigheid. Ze bevatten een giftige stof die de huid irriteert en bultjes doet ontstaan, die vreselijk jeuken. Direct contact is niet noodzakelijk daar de haren loslaten en door de wind verspreid worden.

Wanneer u langs het pad de lage begroeiing bekijkt dan zult u beslist het duinviooltje opmerken. Aan de zaden van dit plantje zit een wasachtig uitsteekseltje, dat erg zoet is en waardoor mieren worden aangetrokken. Vaak worden de zaden meegesleept door de mieren en daardoor verspreid.
Verder kunnen we hier het kleine bloempje van de reigersbek zien (lila). Deze plant wordt zo genoemd omdat, nadat de bloemblaadjes zijn afgevallen, de vrucht, van een steel voorzien, met de kelk sterk doet denken aan de snavel van een reiger. Het kruid staat bekend als bloedstelpend, vooral bij inwendige bloedingen.
De meest opvallende vogel van het eiland, de scholekster, zijn we bijna al zeker tegengekomen tijdens onze wandeling. Het is een zwart-witte vogel, ongeveer zo groot als een eend, met een lange heldere rode snavel. Het is een echte herriemaker en wanneer u zijn geluid eenmaal kent - een luid 'piet tepiet tepiet' - zult u hem nog vaak, zelfs 's nachts, horen overvliegen.
Wanneer we doorlopen kruisen we het 'Bospad' waarna we het bos ingaan. Hier staan zogenaamde zwarte dennen. Deze bomen zijn niet zwart maar altijd groen, maar dat wil nog niet zeggen dat zij nooit hun naalden verliezen. De naalden blijven drie jaar aan de boom zitten en vallen dan af terwijl de één- en tweejarige naalden dit niet doen. Onder de bomen zien we weinig plantengroei. Dit komt door de moeilijk te verteren naalden, die een dikke laag op de bodem vormen.
Op een gegeven moment passeren we aan de linkerkant een open plek, die ontstaan is tijdens de voorjaarsstorm van 1973.

Het plotselinge ontstaan van zo'n open plek opent mogelijkheden voor andere planten, omdat zo veel meer zonlicht de bodem kan bereiken. Eén van die planten is het vingerhoedskruid. Het is een hoge opvallend gekleurde (rose of wit) kruidachtige plant. De plant is tweejarig: Het eerste jaar vormt hij alleen bladeren op de grond, pas in het tweede jaar verschijnen de bloemen. De plant is giftig, maar toch erg nuttig. Hij wordt veel gebruikt bij harttherapie: er wordt een stof uit gewonnen die toegepast wordt als hartstimulator. De plant wordt hiervoor speciaal gekweekt. Vroeger vertelde men elkaar, dat de bloemen van deze plant door kabouters en elfen werden gebruikt als hoofddeksel. Anderen beweerden dat heksen het kruid gebruikten om in hun heksenzalf te verwerken.
We vervolgen nu het pad en verlaten het bos en houden links aan (d.w.z.: Scheepstrapad blijven volgen; Jacobspad laten liggen). Dit pad komt uit op de Badweg, die we links inslaan en ons terugvoert naar het centrum van het dorp. Langs het pad, voordat u de Badweg hebt bereikt, staan links en rechts elzen. Deze zijn goed te herkennen aan de vruchten, kleine gesteelde bolletjes, de zogenaamde elzeproppen. De zaden hieruit zijn bij de vogels zeer geliefd.
(Met dank aan de VVV Schiermonnikoog en de sectie biologie van de VU/VL.)

Tochtjes
Een bijzonder leuke attractie voor kinderen is ook een tocht met de zogenaamde Balg-expres. De Balg is de in het oostelijk gedeelte van het eiland gelegen zandvlakte.
Vertrektijden bij de VVV; vertrekpunt einde van de Badweg. Informatie over de Balg-expres ook op F. Gasaustraat 9 of 11, telefoon 1686.

Bij de VVV kunt u ook informatie inwinnen over de door de Dienst der Domeinen georganiseerde excursies naar de broedkolonies in De Kobbeduinen. Tijdig boeken is noodzakelijk.

Het is ook goed om te letten op het wekelijks verschijnende blaadje van het in de zomermaanden op Schiermonnikoog actieve recreatiecentrum. Dit team verzorgt dia- en filmavonden, fietstochten, sportieve activiteiten, enz.

Als u op Schiermonnikoog met een boot wilt gaan vissen, moet u contact opnemen met de VVV.

Sport
Sportieve mensen kunnen op Schiermonnikoog goed aan hun trekken komen. Zwemmen, surfen, wandelen, fietsen, maar ook paardrijden, tennis en midgetgolf zijn mogelijk.

SCHEEPSTRAPAD
SCHEEPSTRAPAD

Paardrijden kunt u in de Manage Binnendijken aan het Van de Molenpad 13 (telefoon 1236). Ook buitenritten zijn mogelijk.
Fietsen kunt u huren bij de firma Dekens, Noorderstreek 28a en bij de firma Soepboer, Paaslandweg 1.
Midgetgolf kunt u spelen bij restaurant De Schijf, Lange Streek 11; ***tennis*** bij Hotel van der Werf aan de Reeweg.
De Stichting Wadloopcentrum Pieterburen (telefoon 05952-300) verzorgt ***wadlooptochten,*** wadzwerftochten over Schiermonnikoog en Ameland en oversteken naar Engelsmanplaat, Simonszand en Rottumeroog.

Als u bij het zwemmen in zee zo weinig mogelijk risico's wilt lopen, kunt u op Schiermonnikoog gaan naar het bewaakte strand aan het eind van de Prins Bernhardweg of naar het zwembad aan de Badweg in Oosterburen. Dit zwembad, De Dûnatters (duingeesten) geheten, is een verwarmd open luchtbad met aansluitend een terrein waar u onbekommerd kunt zonnebaden en sporten.
Bij surfshcool 'de surfende monnik', Badweg 117 (telefoon 05195-1566) kunt u surflessen nemen en ook surfplanken huren voor een dag of een week.

Als het weer wat tegenzit
Het weer kan ook op Schiermonnikoog natuurlijk wel eens wat minder zijn. Jammer, maar vervelen hoeft u zich beslist niet. Misschien is een regenachtige dag wel een goede aanleiding om een bezoek te brengen aan het *Bezoekerscentrum De Centrale* Torenstreek 20, telefoon 1641. U kunt dit bezoek ook heel goed plannen aan het begin van uw vakantie. In De Centrale (vroeger was dit gebouw de elektriciteitscentrale van Schiermonnikoog) kunt u zich namelijk een goed beeld vormen over het leven van mens, plant en dier op een Waddeneiland. Het Bezoekerscentrum geeft informatie over de natuur, de geschiedenis, de economische situatie, het toerisme en nog een aantal andere aspecten van het leven en werken van de eilandbewoners. Geen droge opsomming. Integendeel, de presentatie van een en ander is afwisselend en modern. Diorama's, een maquette, diavertoning, literatuur, een eb- en vloeddemonstratie; het Bezoekerscentrum heeft veel te bieden.
Nu kunt u zich niet alleen in De Centrale een beeld vormen van het leven op Schiermonnikoog. Zeer instructief zijn de dia-avonden die in het toeristisch seizoen worden georganiseerd in het ***Dorpshuis*** (Noorderstreek 34, telefoon 1456). Ook voor de *bibliotheek* kunt u op dit adres terecht. Op de gele affiches van het Dorpshuis worden regelmatig de films aangekondigd die daar een of meerdere keren per week worden gedraaid. Evenals De Centrale is dus ook het Dorpshuis een belangrijke instelling voor de toeristen.

De jeugd weet meestal snel de weg te vinden naar de *Kittiwake*. Dit gebouw was vroeger een kerkje en is nu met behulp van aangespoeld materiaal omgebouwd tot een echte discotheek. Een tweede, speciaal voor jonge mensen bestemde accommodatie is de ***jeugdherberg*** (Knuppeldam 2, telefoon 1257).

Aardig voor kinderen, maar toch ook wel voor volwassenen is een bezoek aan de reddingboot Willem Horsman in het *reddingsboothuis* op de hoek van de Noorderstreek en de Torenstreek. Op Langestreek 14 (telefoon 1560) of op Stachouwerstr. 13 (telefoon 1463) kunt u informatie krijgen over de bezichtiging. Als u geluk hebt, kunt u op een zaterdag getuige zijn van een oefentocht van de reddingsboot ter hoogte van strandpaal 3.

Afgezien van film- en dia-avonden kunt u op Schiermonnikoog 's avonds best behoorlijk uitgaan. Geen nachtclubs, maar wel bars waar u ook kunt dansen. Bijvoorbeeld bij bar-dancing Van der Werff aan de Nieuwestreek, de Toxbar aan de Reeweg en bij De Berkenplas aan de Prins Bernhardweg.
Misschien wilt u na een stevig drankje liever niet gaan lopen of fietsen. U wilt een taxi. Hiervoor kunt u terecht bij Taxibedrijf Hoekstra (telefoon 1377) of bij de firma Drent (telefoon 1462).
U ziet het, te midden van de ongeveer 900 inwoners van Schiermonnikoog hoeft u zich beslist niet te vervelen.

Nog wat wetenswaardige zaken
Het kengetal van Schiermonnikoog is 05195.
VVV: Reeweg 5, Postbus 13, Postcode 9166 ZP. Telefoon 1233.
Op Schiermonnikoog wordt een toeristenbelasting geheven van *f* 1,– per dag (opgave 1984).

De particuliere zomerhuisjes en bungalows zijn door de ANWB in samenwerking met de VVV geklassificeerd. Binnen deze klassificatie worden vijf typeringen gebruikt, lopend van eenvoudg (klasse 1), via gerieflijk (klasse 2) en zeer gerieflijk (klasse 3) naar luxe (klasse 4) en zeer luxe (klasse 5). Voor toekomstige huurders een mogelijk teleurstellingen voorkomende service.
Nu bent u natuurlijk niet alleen aangewezen op particuliere zomerhuisjes. Integendeel, u kunt ook terecht in ongeveer 6 hotels, 2 pensions, in vele appartementen en kampeerboerderijen.
Ook een camping vindt u op Schiermonnikoog: Camping Seedune, Seeduneweg 1, telefoon 05195-398.
Voor het hoogseizoen is schriftelijk reserveren wel noodzakelijk.
In het voor- en najaar kunt u gebruik maken van speciale drie- of vijfdaagse, door de VVV georganiseerde arrangementen. Interessant, omdat u via zo'n arrangement nogal wat kortingen krijgt.

We hopen, dat u op Schiermonnikoog geen medische hulp of de zorg van de politie nodig zult hebben. Toch geven we u maar even een aantal adressen en telefoonnummers.
Arts – Noorderstreek 32, telefoon 1227
Politie – Voorstreek 28, telefoon 1555
Algemeen alarmnummer 0011.
Jachthaven Schiermonnikoog telefoon 1544.
De winkels zijn in de wintermaanden de gehele maandag gesloten. In de zomermaanden alleen op de woensdagmiddag. Maar ook op deze middag gaan de meeste winkels ten behoeve van de toeristen weer open van 16.00 tot 18.00 uur.

Zwartwit-fotoverantwoording:
Jan Abrahamse: 13
Jan Heuff: 4, 71, 74, 106, 114, 119
Theo Kampa: 31
Ernst Nieuwenhuis: 56, 79, 85, 89, 92
Paul Vogt: 99
H. de Vries: 47
Thom Wouters: 108
Freek Zwart: 27
Ministerie van Defensie: 19
Natuurrecreatiecentrum Texel: 22
VVV-Vlieland: 38
Staatsbosbeheer: 44, 51, 60

Kleurenfoto's, respectievelijk: VVV-Ameland, VVV-Terschelling, VVV-Vlieland, VVV-Vlieland, VVV-Terschelling, VVV-Terschelling, VVV-Terschelling, Staatsbosbeheer, VVV-Terschelling, VVV-Terschelling, Staatsbosbeheer, VVV-Terschelling.

Kosmos Vogelmonografieën

De Kosmos Vogelmonografieën vormen een populair-wetenschappelijke ornithologische reeks.
In elk deel schetsen Nederlandse en buitenlandse deskundigen op informatieve en plezierige wijze een portret van één vogelsoort. Daarbij komen alle aspecten van het leven van die vogelsoort aan de orde: uiterlijk, gedrag, broedbiologie, voedsel, rui, trek, voorkomen in Europa en Nederland, verwante soorten enzovoort. Een groot aantal voortreffelijke foto's en tekeningen vullen de tekst aan. Grafieken, tabellen en verspreidingskaartjes ontbreken evenmin.
De Kosmos Vogelmonografieën geven de beginnende vogelwaarnemer de kans zich in het gedrag en uiterlijk van de vogels te verdiepen, terwijl de 'gevorderde' ornitholoog geconfronteerd wordt met een onverwacht grote schat, zeker niet altijd algemeen bekende, gegevens.

De
Boomvalk
Rob Bijlsma
Kosmos Vogelmonografieën

De
Bosuil
Johan H. Mooij
Kosmos Vogelmonografieën

De
Buizerd
Dick Poppe | Bernard Vos
Kosmos Vogelmonografieën

De
Kerkuil
Johan de Jong
Kosmos Vogelmonografieën

De
Kleine
Rietgans
J. Philippona
Kosmos Vogelmonografieën

De
Knobbelzwaan
Wim Ruitenbeek | Pelle Andersen-Harild
Kosmos Vogelmonografieën

De
Torenvalk
Ib Trap-Lind
Kosmos Vogelmonografieën

De
Waterral
G.H.J. de Kroon
Kosmos Vogelmonografieën

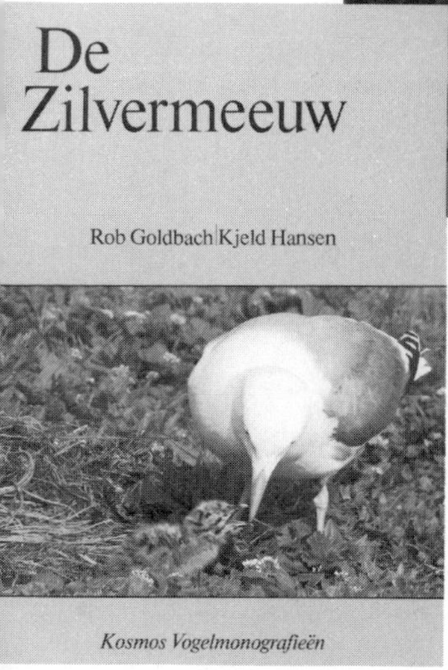
De
Zilvermeeuw
Rob Goldbach|Kjeld Hansen
Kosmos Vogelmonografieën